Die

Staatskonkurs-Aufgaben

im Jahre

1889.

I. Aufgabe
aus dem bürgerlichen Rechte.

1. In der Wirtschaft des L zu X erregte am 27. Juli l. Js. abends nach 11 Uhr ein Gast durch sein eigentümliches Benehmen die Aufmerksamkeit des Wirtes. Auf die Frage desselben, ob ihm etwas fehle, erwiderte der Gast: „Verzeihen Sie die Ungelegenheit, die ich Ihnen bereite, ich habe Gift genommen und fühle schon mein Ende herannahen.“ Der erschreckte Wirt schickte sofort den bei ihm bediensteten S zur Polizei, um von dem Vorfalle Anzeige zu machen. Der diensttuende Polizeibeamte wies den S an, den in der Nähe wohnenden Arzt M zu holen, der dann auch, von S über den Sachverhalt unterrichtet, schleunigst in die Wirtschaft des L kam und ein Gegengift verordnete, das dem Gaste trotz seines Widerstrebens beigebracht wurde und die Wirkung hatte, daß dieser am Leben blieb. M macht nun sein Honorar geltend, findet aber nirgends Bezahlung. Die Polizeibehörde verweigert dieselbe, da sie für derartige Zwecke keine Mittel habe. Der gerettete Gast, dessen Persönlichkeit inzwischen als die des Buchhalters Z festgestellt worden war, wendet ein, daß das Eingreifen des M ganz gegen seinen Willen unter Anwendung von Zwang erfolgt sei. L endlich macht geltend, er habe bei Erstattung der Anzeige lediglich in Erfüllung einer ihm als Wirt obliegenden polizeilichen Pflicht gehandelt.

Von wem kann M die Bezahlung seines Honorars verlangen?

2. Am 27. November 1889 kam A in den Laden des Antiquars B, um ein größeres Werk über Ostafrika zu kaufen.

Der allein im Laden anwesende Kommis C, welcher ein solches Buch von seinem Freunde D geliehen erhalten hatte, faßte rasch den Entschluß, dieses zu verkaufen, erwiderte dem A, er könne ihm mit einem sehr schönen illustrierten Werke dienen, das er um 16 Mk. ablasse, und übergab das Buch des D um diesen Preis dem A. Nun verlangt D von A sein Buch zurück, A verweigert aber die Herausgabe, weil er das Buch in gutem Glauben bei B gekauft habe. Wie ist zu entscheiden?

3. Der Bauer A hat dem Unterhändler B eine Schuld von 1000 Mk., für welche auf seinem Anwesen Hypothek bestellt war, bezahlt, B hat aber, statt die Löschung der Hypothek zu bewilligen, alsbald die Hypothekforderung dem C, welchem er die Zahlung verheimlichte, für ein Darlehen von 900 Mk. verpfändet. Die Verpfändung wurde in das Hypothekenbuch nicht eingetragen. Als C von A Zahlung verlangte, befriedigte ihn auf den Wunsch des A dessen Oheim D, welcher das ganze Verhältnis kannte, gegen Abtretung seiner Rechte. D erwirkte die Eintragung der Verpfändung und des Überganges der Rechte des C auf ihn und gestattete einige Monate nachher dem A, auf seinem Anwesen eine Hypothek für 2000 Mk. mit Vorrang vor der Forderung des D zu bestellen, verlangte dafür aber, daß A's Mutter E für die letztere auf einem ihr gehörigen Grundstücke Hypothek bestelle, was die E that. Nun hat F wegen einer Kurrentforderung zu 2400 Mk. die Beschlagnahme des Anwesens des A zum Zwecke der Zwangsversteigerung erwirkt, und einige Tage später ist bezüglich des Grundstückes der E auf Antrag des Kurrentgläubigers G das Gleiche geschehen. D verlangt in beiden Zwangsvollstreckungen, daß seine Forderung zu 900 Mk. in das geringste zulässige Gebot eingerechnet und der Betrag derselben von den Ansteigerern bar bezahlt werde. F bestreitet sein Verlangen, weil die dem D verpfändete Hypothek überhaupt nicht zu Recht bestehe und weil D, wenn er die Berücksichtigung seiner Forderung zu verlangen berechtigt sein sollte, sich jedenfalls mit der Übernahme der Haftung für dieselbe

durch den Ansteigerer begnügen müßte Der letztere Einwand wird auch von G erhoben. Wie ist zu entscheiden?

Der Bearbeitung ist neben den Reichsgesetzen das Gemeine Recht mit den für das ganze Gebiet desselben in Bayern geltenden Landesgesetzen zu grunde zu legen. Die Entscheidungen sind zu begründen.

II. Aufgabe aus dem bürgerlichen Rechte.

1. Durch notariell beurkundeten Kaufvertrag vom 17. Juli 1889 erwarb der Metzger D von dem Privatier N ein Anwesen in Z um den Preis von 12500 Mk. D erlegte sofort 2500 Mk. bar und übernahm in Anrechnung auf den Kaufpreis eine auf dem Anwesen hypothekarisch versicherte Darlehensforderung des Gastwirts O, eines Bruders des Verkäufers, im Betrage von 10000 Mk. als persönlich und dinglich haftender Schuldner. Am 24. September starb O. In dem von ihm am 4. Januar 1885 vorschriftsmäßig errichteten Testamente, worin I zum Erben eingesetzt ist, war unter anderem bestimmt: „Meinem Bruder N, welcher von mir ein Darlehen von zehntausend Mark erhalten hat, schenke ich hieran den Betrag von viertausend Mark." I trat die Erbschaft an, worauf die Hypothekforderung des O auf I umgeschrieben und D hievon verständigt wurde. Einige Zeit darauf teilte N die zu seinen Gunsten gemachte Verfügung des O dem D mit und verlangte von demselben, weil die übernommene Schuld sich durch diese Verfügung um 4000 Mk. gemindert habe, die Bezahlung eines gleich großen Betrages des vereinbarten Kaufpreises. D verweigerte die Zahlung, da die übernommene Forderung in ihrem vollen Betrage im Hypothekenbuche stehe, durch die von O dem N gemachte Schenkung das zwischen D und I bestehende Rechtsverhältnis nicht berührt werde und N auch nicht in der Lage sei, im

Falle der Zahlung die Löschung des bezahlten Betrages zu bewirken.

Welche Rechte hat N gegen D?

2 Die Eisenbahngesellschaften in A und B sind übereingekommen, zwischen den Städten A und B eine tägliche Schnellzugsverbindung einzurichten. Das Unternehmen wird in der Weise betrieben, daß die Züge abwechslungsweise von jeder der beiden Bahnverwaltungen gestellt, Gewinn und Verlust gleichheitlich geteilt werden.

Am 26. März l. Js. stieß der von der Eisenbahngesellschaft in A gestellte Schnellzug auf dem Gebiete der Bahnverwaltung in B infolge falscher Weichenstellung mit einem Güterzuge zusammen, wobei der im Dienste der Gesellschaft in A stehende Heizer Z schwere Verletzungen erlitt. Die Berufsgenossenschaft X, welcher die Eisenbahngesellschaft in A angehört, setzte demselben eine Rente im Betrage von 30 % seines Arbeitsverdienstes aus. Z ist hiemit nicht zufrieden und verlangt von der Gesellschaft in B eine weitere Rente von 240 Mk., weil er auf der Eisenbahn der letzteren verletzt worden sei und der wirkliche Verdienstentgang die ihm von der Berufsgenossenschaft gewährte Rente von 240 Mk. jährlich übersteige. Die Bahnverwaltung in B bestreitet zwar nicht die Angabe des Z über seinen wirklichen Verdienstentgang, weigert sich aber dem Anspruche nachzukommen, weil das Unfallversicherungsgesetz denselben ausschließe. Wie ist zu entscheiden?

3. Am 13. Juli 1889 starb der Pächter A in X mit Hinterlassung eines wegen Formfehlers nichtigen Testamentes, in welchem ein entfernter Verwandter B zum Erben eingesetzt war. Nach seinem Tode nahm C, der Sohn seiner Halbschwester, den Nachlaß in Besitz und weigerte sich, denselben dem B herauszugeben, weil das Testament nichtig sei. B suchte die Sache in Güte beizulegen und bot dem C 500 Mk., wenn er auf die Anfechtung des Testaments verzichte und ihm

den Nachlaß herausgebe. Dieses Anerbieten nahm C um so lieber an, als ihm bekannt war, daß nicht er, sondern der seit einiger Zeit in Amerika befindliche Neffe D des Verstorbenen der nächste Intestaterbe ist.

B ließ hierauf die noch auf dem Felde stehende Ernte einheimsen und verwendete den Ertrag im Werte von 320 Mk. in seinem Haushalte, den er in der bisherigen Weise fortführte. Mit dem Erlöse aus dem Verkaufe der in der Pachtwohnung des Verstorbenen befindlichen Gegenstände und Gerätschaften bezahlte B den noch rückständigen Pachtzins von 100 Mk, indem er zugleich das Pachtverhältnis durch Übereinkommen mit dem Verpächter löste. Das vorhandene Pferd verkaufte B an den Bauern Z um 240 Mk. und schenkte diesen Betrag seinem Bruder E, der sich damals gerade in Geldverlegenheit befand. Endlich zog B die ausstehenden Forderungen des Verstorbenen ein, bezahlte damit die Nachlaßschulden im Betrage von 300 Mk. und verwendete den Rest von 400 Mk. zur teilweisen Tilgung einer von ihm eingegangenen Schuld.

Am 16. November kam D unerwartet aus Amerika zurück. Er sucht nun in den Besitz seiner Erbschaft zu kommen, findet aber Schwierigkeiten, da C in mißliche Vermögensverhältnisse geraten ist und B auf die Aufforderung, die Erbschaft herauszugeben, erwidert, daß er von derselben nichts mehr besitze. D glaubt jedoch gleichwohl den B in Anspruch nehmen zu können, weil dieser sich die Erbschaft angemaßt habe, obwohl er wußte, daß das Testament nichtig und er nicht Erbe geworden sei. Ist sein Anspruch begründet? Kann D von Z die Herausgabe des von ihm gekauften Pferdes verlangen? Gesetzt, C wäre in guten Verhältnissen, könnte D denselben wegen der Erbschaft in Anspruch nehmen?

Der Bearbeitung ist neben den Reichsgesetzen das gemeine Recht mit den für das ganze Gebiet desselben in Bayern geltenden Landesgesetzen zu Grunde zu legen. Die Entscheidungen sind zu begründen.

I. Aufgabe aus dem Handels- Wechsel- und Konkursrechte.

1. A und B haben seit dem Jahre 1880 unter der Firma A und Cie. in Kommanditgesellschaft eine Kurzwarenhandlung betrieben. A war persönlich haftender Gesellschafter, die Einlage des B betrug 15000 Mk. und war vollständig eingezahlt. Im Februar 1888 kamen A, B und ihr bisheriger Prokurist C überein, daß am 1. März 1888 B austreten, C als offener Gesellschafter eintreten, die Firma unverändert bleiben und der Geschäftsanteil des B von A und C zu gleichen Teilen abgelöst werden sollte. Der Austritt des B und der Eintritt des C wurden am 1. März 1888 in das Handelsregister eingetragen. Am nämlichen Tage erhielt B von C für die Hälfte seines Geschäftsanteiles, der sich durch nicht erhobenen Gewinn auf 16000 Mk. erhöht hatte, 8000 Mk. und von A für die andere Hälfte 4000 Mk.; wegen der übrigen 4000 Mk. gewährte er dem A, dessen Ehefrau Bürgschaft leistete, Zahlungsfrist bis zum 1. März 1890. Im Frühling 1889 ließen sich A und Cie. in gewagte Spekulationen in Kaffee ein, deren unglücklicher Ausgang die Eröffnung des Konkurses über das Gesellschaftsvermögen zur Folge hatte. Aus der Konkursmasse haben die nicht bevorrechtigten Gläubiger 20 % ihrer Forderungen erhalten. A und C haben ein Privatvermögen von irgend welchem Belange nicht. Das Vermögen der Ehefrau des A reicht zur Befriedigung ihrer eigenen Gläubiger aus. Fünf Gesellschaftsgläubiger, deren Forderungen aus den Jahren 1886 und 1887 stammen und zusammen einen Ausfall von 16000 Mk. erlitten haben, nehmen nun für diesen die Haftung des B in Anspruch, weil bei seinem Austritte aus der Gesellschaft die gesetzlich vorgeschriebene Liquidation, bei welcher sie volle Befriedigung erhalten hätten, unterblieben sei. B bestreitet seine Haftung, weil er seine Einlage mittels der Abtretung an A und C der

Gesellschaft belassen habe, so daß die Rechtslage der Gläubiger unverändert geblieben sei. Wie ist zu entscheiden?

2. In dem am 12. Juni 1889 eröffneten Konkurse über das Vermögen des A hat B, welcher im Januar 1889 die Bürgschaft für eine Schuld des A an C zu 250 Mk. übernommen und am 18. Juni den C befriedigt hat, seinen Ersatzanspruch angemeldet. Derselbe wurde im Prüfungstermin von A anerkannt, von dem Konkursverwalter aber aus dem Grunde bestritten, weil die Forderung des B erst nach der Eröffnung des Konkurses entstanden sei und deshalb in diesem nicht geltend gemacht werden könne In dem von B gegen den Konkursverwalter erhobenen Rechtsstreite ist der Widerspruch des letzteren für begründet erklärt worden. Das Urteil hat die Rechtskraft erlangt. Mittlerweile ist der Konkurs durch einen Zwangsvergleich beendigt worden, nach welchem die nicht bevorrechtigten Gläubiger 45 % ihrer Forderungen erhalten. B verlangt jetzt von A den ganzen Betrag der bezahlten Schuld und erwidert auf die Einrede des Zwangsvergleiches, der letztere berühre ihn nicht, weil rechtskräftig festgestellt sei, daß er nicht zu den Konkursgläubigern gehöre. Wie ist zu entscheiden?

Neben den Reichsgesetzen haben die Kandidaten, welche die Prüfung in den Landesteilen rechts des Rheins ablegen, das Gemeine Recht mit den für das ganze Gebiet desselben in Bayern geltenden Landesgesetzen, die Kandidaten, welche die Prüfung in der Pfalz ablegen, das dort geltende Recht anzuwenden. Die Entscheidungen sind zu begründen.

II. Aufgabe
aus dem Handels- Wechsel- und Konkursrechte.

1. In der in X seit dem Jahre 1882 bestehenden eingetragenen Genossenschaft „Kreditverein X“ ist es im Sommer 1889, nachdem der Antrag, die Genossenschaft aufzulösen und das Geschäft in ein Aktienunternehmen umzuwandeln, von der

Generalversammlung abgelehnt worden war, zu zahlreichen Aufkündigungen gekommen, weshalb die in der Genossenschaft verbleibenden Mitglieder neue Genossen zu gewinnen suchten. Der Apotheker A übernahm es, die mit seiner Ehefrau befreundete Professorswitwe B zum Beitritte zu bestimmen und brachte sie dazu, daß sie am 12. Oktober ein den gesetzlichen Erfordernissen entsprechendes Beitrittsformular unterzeichnete. Da sie aber wegen der von der Genossenschaft beibehaltenen unbeschränkten Haftung noch Bedenken hegte und am nächstfolgenden Tage zu ihrer in England verheirateten Tochter abreisen wollte, so sagte sie dem A bei der Aushändigung der Beitrittserklärung, sie wolle nur beitreten, wenn ihr eben auf einer Urlaubsreise befindlicher Schwager Rechtsrat C gleichfalls beitrete. A dürfe deshalb, solange C nicht beigetreten sei, ihre Erklärung nicht abgeben. A hatte wenig Hoffnung auf den Beitritt des C, wollte aber der Genossenschaft die Förderung nicht entgehen lassen, welche er von dem Beitritte der angesehenen Frau erhoffte, und legte deshalb ihre Beitrittserklärung dem Genossenschaftsvorstande vor, ohne den von ihr mündlich gemachten Vorbehalt zu erwähnen. Auf Grund der vom Vorstande dem Gerichte eingereichten Erklärung erfolgte am 16. Oktober die Eintragung der Witwe B in die Liste der Genossen. Bei ihrer Rückkehr von England erfuhr die B, daß C nicht beigetreten, ihr Name aber in die Liste aufgenommen ist, und daß die Genossenschaft sich in bedenklicher Lage befindet. Sie verlangt nun, daß ihre Eintragung für nichtig erklärt werde, weil A zur Abgabe ihrer Beitrittserklärung nicht berechtigt gewesen sei. Der Vorstand erachtet die Eintragung für rechtswirksam, weil sie dem Gesetze gemäß auf Grund der von ihm eingereichten schriftlichen Erklärung der B erfolgt sei, und bestreitet die Wirksamkeit des von ihr dem A gegenüber mündlich gemachten Vorbehaltes, weil die Vollmacht zur Abgabe der Beitrittserklärung ebensowenig wie diese selbst von einer Bedingung abhängig gemacht werden könne.

Wie ist zu entscheiden?

2. Der Kaufmann A in X hat am 26. August 1889 einen am 26. November 1889 fälligen Wechsel über 700 Mk. auf den Kaufmann B in Y an die Ordre des Maurermeisters C in Z ausgestellt. C, welcher den B für unsicher hielt und glaubte, daß der in Y wohnhafte D, der Schwiegervater des A, erforderlichen Falles den Wechsel gern einlösen werde, setzte ohne Vorwissen des A auf die Vorderseite des Wechsels, unmittelbar unter die Adresse, den Vermerk „im Falle der Not bei D in Y“ und begab sodann den Wechsel an E. Dieser erfuhr einige Tage vor dem Verfalltage von A, daß der Vermerk von C ohne seine Zustimmung auf den Wechsel gesetzt war. A fügte seiner Mitteilung bei, C sei dazu durch übertriebene Ängstlichkeit veranlaßt worden; B werde gewiß zahlen; sollte dies aber wider Erwarten nicht geschehen, so sei A damit einverstanden, daß E sich an D wende. B leistete am Verfalltage auf Vorlage des Wechsels keine Zahlung, auch D ließ sich, als E ihm den Wechsel vorlegte, zur Zahlung nicht herbei, weshalb E am 27. November bei B mangels Zahlung Protest erheben ließ. Nun will er seine Rechte aus dem Wechsel gegen A und C geltend machen. Beide bestreiten ihre Haftung, weil E nicht auch bei D habe Protest erheben lassen. E könne aus dem Wechsel nur die Rechte herleiten, welche sich aus demselben, wie er zur Zeit seines Erwerbes war, ergeben; überdies sei die Angehung des D von A dem E gegenüber genehmigt worden. E erwidert, der auf die Angehung des D bezügliche Vermerk sei eine Fälschung des C, aus welcher keiner der beiden Wechselschuldner und am wenigsten der Fälscher C selbst Rechte herleiten könne. Wie ist zu entscheiden?

Neben den Reichsgesetzen haben die Kandidaten, welche die Prüfung in den Landesteilen rechts des Rheins ablegen, das Gemeine Recht mit den für das ganze Gebiet desselben in Bayern geltenden Landesgesetzen, die Kandidaten, welche die Prüfung in der Pfalz ablegen, das dort geltende Recht anzuwenden. Die Entscheidungen sind zu begründen.

I. Aufgabe aus dem Zivilprozeßrechte.

1. Auf Grund eines Beschlusses des Amtsgerichts L, durch welchen der Betrag der von B dem A zu erstattenden Kosten auf 100 Mk. festgesetzt worden war, hat das Amtsgericht M am 2. November 1889 eine dem B gegen C zustehende Forderung im Betrage von 60 Mk. gepfändet und dem A zur Einziehung überwiesen und am 5. November 1889 gegen B, da derselbe die Leistung des Offenbarungseides, zu welcher ihn A nach einem fruchtlosen Pfändungsversuche hatte vorladen lassen, ohne Grund verweigerte, die Haft angeordnet.

Am 6. November 1889 hat das Landgericht L auf Beschwerde des B den Betrag der dem A zu erstattenden Kosten auf 50 Mk. herabgemindert, und am 7. November 1889 hat B diesen letzteren Betrag nebst den Kosten der Zwangsvollstreckung an A bezahlt, ohne jedoch von dem letzteren eine Quittung erhalten zu haben.

Welche Schritte hat B zu thun, um die Aufhebung der Beschlüsse vom 2. und 5. November 1889 herbeizuführen?

2. A hat gegen den in M wohnenden B bei dem Amtsgerichte N eine Klage auf Herausgabe eines Pferdes erhoben, welches ihm B verkauft und in N zu übergeben versprochen habe. B hat gegen diese Klage die Einrede der Unzuständigkeit vorgebracht, da M als Erfüllungsort vereinbart worden sei, und die Verhandlung zur Hauptsache verweigert; das Amtsgericht N hat jedoch, da es durch die vorgelegten Briefe der Parteien die klägerischen Behauptungen über den Erfüllungsort als erwiesen erachtete, die Einrede der Unzuständigkeit mit Urteil vom 1. Oktober 1889 verworfen.

Nachdem dieses Urteil die Rechtskraft beschritten hatte, ergab sich in dem zur Hauptsache gepflogenen Beweisverfahren, daß M als Lieferungsort von den Parteien bestimmt worden war.

Trotzdem beantragte A in der Schlußverhandlung, dem B zur Uebergabe des Pferdes in N zu verurteilen, da durch das Urteil vom 1. Oktober 1889 rechtskräftig festgestellt sei, daß N der Erfüllungsort sei; sollte sich aber das Gericht dieser Anschauung nicht anschließen, so bitte er den Beklagten zur Lieferung des Pferdes in M zu verurteilen.

Der Beklagte bezeichnete den ersten Antrag des Klägers als unbegründet, den zweiten als unzulässige Klageänderung.

Wie ist zu entscheiden?

3. A hat unter der Behauptung, daß C dem B ein in 3 Raten zu 300 Mk. rückzahlbares Darlehen von 900 Mk. gegeben und er, A, den C beerbt habe, bei dem Amtsgerichte M eine verfallene Rate dieses Darlehens mit 300 Mk. eingeklagt. B hat den Empfang des Darlehens eingeräumt, sich jedoch selbst als alleinigen Erben des C bezeichnet. Daraufhin beantragte A festzustellen, daß er Alleinerbe des C geworden und daß ihm B das Darlehen von 900 Mk. schuldig sei, und dehnte zugleich die Klage auf einen inzwischen verfallenen weiteren Betrag von 300 Mk. aus. B stellte nun den Antrag, das Amtsgericht wolle seine Unzuständigkeit aussprechen und den Rechtsstreit vor das Landgericht M verweisen, zu dessen Bezirk das Amtsgericht M gehört. A dagegen erklärte, er wolle die Klage, wenn der Rechtsstreit nicht vor dem Amtsgerichte zum Austrage komme, nicht bei bei dem Landgerichte M, sondern bei dem als Gericht des Erfüllungsortes zuständigen Landgerichte O erheben; er stelle daher den Antrag, das Amtsgericht M wolle die Sache vor das letztere Landgericht verweisen, oder, falls dies nicht für zulässig erachtet werde, lediglich seine Unzuständigkeit aussprechen. Wie ist zu entscheiden?

Wie wäre zu entscheiden, wenn A erst während der Rechtsstreit in der Berufungsinstanz bei dem Landgerichte M schwebte, seine Klage auf 600 Mk. erweitert und die Feststellung seiner Erbeneigenschaft und der Darlehensschuld von

900 Mk. beantragt und B gebeten hätte, den Rechtsstreit vor das Landgericht M als erste Instanz zu verweisen.

Neben den Reichsgesetzen haben die Kandidaten, welche die Prüfung in den Landesteilen rechts des Rheines ablegen, das gemeine Recht mit den für das ganze Gebiet desselben in Bayern geltenden Landesgesetzen, die Kandidaten, welche die Prüfung in der Pfalz ablegen, das dort geltende Landrecht anzuwenden.

Die Entscheidungen sind zu begründen.

II. Aufgabe aus dem Zivilprozeßrechte.

1. In einem Rechtsstreite, welchen A gegen B auf Rückzahlung eines Darlehens von 200 Mark erhoben hatte, war durch bedingtes Endurteil des Amtsgerichts X vom 2. Januar 1889 auf einen richterlichen Eid des A, daß ihm B die 200 Mark nicht zurückbezahlt habe, erkannt worden. Nachdem dieses Urteil die Rechtskraft beschritten hatte, wurde über das Vermögen des A der Konkurs eröffnet. Im Schwurtermine erschienen A und der Konkursverwalter M und beantragten beide, dem A den Eid abzunehmen. M bemerkte hiebei, er nehme den Rechtsstreit für die Konkursmasse auf, sei aber damit einverstanden, daß dessen Ausgang vom Eide des A abhängig gemacht werde. B dagegen stellte den Antrag, das bedingte Endurteil vom 2. Januar 1889 aufzuheben, da A eidesunfähig geworden sei und ihn zum Beweise über die Zahlung durch den Zeugen R zuzulassen.

M trat diesem Antrage entgegen; das Amtsgericht X ordnete jedoch mit Beweisbeschluß vom 3. Juni 1889 die Vernehmung des Zeugen R an und nahm dieselbe am 17. Juni 1889 vor.

Am 13. Juli 1889 wurde das Konkursverfahren gegen A mit Zustimmung aller Konkursgläubiger eingestellt.

In der am 17. September 1889 gepflogenen Schlußverhandlung stellte nun A den Antrag, ihm den durch das Urteil vom 2. Januar 1889 auferlegten Eid abzunehmen, zu dessen Leistung er nunmehr zweifellos fähig sei. B dagegen wiederholte den Antrag, das Urteil vom 2. Januar 1889 aufzuheben, und bat, ihm mit Rücksicht auf die für ihn günstige Aussage des Zeugen R den richterlichen Eid aufzuerlegen.

Wie hat das Gericht zu entscheiden, wenn die Aussage des Zeugen R in der That für B so günstig lautet, daß dem letzteren zur Vervollständigung des Beweises der richterliche Eid auferlegt werden könnte?

2. Durch Beschluß des Amtsgerichts M vom 20. Dezbr. 1888 ist der Betrag der von B dem A gemäß eines Urteils vom 5. Januar 1887 zu erstattenden Kosten auf 80 Mark festgesetzt und durch Beschluß des Landgerichts M v. 2. Jan. 1889 ist die auf Herabsetzung dieser Kosten gerichtete Beschwerde des B als unbegründet verworfen worden.

A ließ nun auf Grund des Kostenfestsetzungsbeschlusses vom 20. Dezember 1888, welchen er nebst dem Beschlusse vom 2. Januar 1889 am 5. Januar 1889 dem B und, nachdem er erfahren hatte, daß B durch Beschluß des Amtsgerichts N vom 4. Januar 1888 wegen Geisteskrankheit entmündigt worden war, am 4. November 1889 dem Vormunde des B, M, hatte zustellen lassen, am 27. November 1889 ein Pferd des B in O pfänden.

Kann M die Aufhebung dieser Pfändung und der Beschlüsse vom 20. Dezember 1888 und 2. Januar 1889 herbeiführen?

3. A hat gegen B Klage auf Herausgabe eines Hundes erhoben, welchen B wegen eines ihm angeblich gegen A zustehenden Anspruches zurückbehalten hatte, und am 2. Juli 1889 ein obsiegliches Urteil erwirkt, in dessen Gründen ausgeführt war, daß der Anspruch des B nicht zu Recht bestehe und sohin die Zurückbehaltung des Hundes ungerechtfertigt sei. B hat dem mit der Zwangsvollstreckung beauftragten Gerichts-

vollzieher den Hund herausgegeben und die Kosten bezahlt und hierauf die vollstreckbare Ausfertigung des Urteils ausgeliefert erhalten. Wenige Minuten später entkam jedoch der Hund und kehrte zu B zurück, der dessen Herausgabe verweigert.

Welche Schritte hat A zu thun, um in den Besitz des Hundes zu gelangen?

Wäre es gegenüber dem inzwischen rechtskräftig gewordenen Urteile vom 2. Juli 1889 statthaft, daß sich B, wenn A neuerdings gegen ihn klagend vorginge, zur Rechtfertigung seines angeblichen Zurückbehaltungsrechts auf das Bestehen des früher von ihm ohne Erfolg geltend gemachten Anspruches beriefe?

Neben den Reichsgesetzen haben die Kandidaten, welche die Prüfung in den Landesteilen rechts des Rheins ablegen, das gemeine Recht mit den für das ganze Gebiet desselben in Bayern geltenden Landesgesetzen, die Kandidaten, welche die Prüfung in der Pfalz ablegen, das dort geltende Landrecht anzuwenden.

Die Entscheidungen sind zu begründen.

I. Aufgabe aus dem Strafrechte.

1. Der Bäcker Konrad Weber in X hatte am 4. Juli l. Js. gegen den Hausbesitzer Ludwig Ferber in X Klage auf Erfüllung eines Mietvertrages erhoben, welche auf die Behauptung gestützt war, daß ihm Ferber einen in der Klage näher bezeichneten Laden in seinem Hause um den monatlich zu bezahlenden Mietzins von 50 Mk. vom 1. Juli lfd. Jrs. an vermietet habe. In der zur Verhandlung über diese Klage bestimmten Sitzung des Amtsgerichts X vom 9. Juli l. Jrs. stellte der Beklagte Ferber das Vorbringen des Klägers in Abrede, worauf Letzterer sich zum Beweise der Klagsbehauptung durch Eideszuschiebung erbot. Nachdem der Beklagte

diesen Eid anzunehmen erklärt hatte, erließ das Gericht Beweisbeschluß dahin,

„Beklagter habe zu schwören, daß die Behauptung des Klägers, als habe er demselben den in der Klage näher bezeichneten Laden in seinem Hause um den monatlichen Mietzins von 50 Mk. vom 1. Juli lfd. Jrs. an vermietet, nicht wahr sei."

Im Einverständnisse beider Parteien wurde sofort zur Eidesabnahme geschritten; dabei wurde jedoch durch irrige Auffassung der Worte „er" und „demselben" die Eidesnorm dahin festgestellt:

„Ich schwöre bei Gott dem Allmächtigen und Allwissenden, daß die Behauptung des Klägers, als habe er mir u. s. w. vermietet, nicht wahr ist",

während es richtig hätte heißen müssen:

„als habe ich ihm u. s. w. vermietet."

Der Fehler in der Eidesnorm wurde weder von den Parteien noch vom Gerichte bemerkt. Ludwig Ferber leistete den Eid in der oben angegebenen Fassung und der Prozeß endigte mit Abweisung der Klage.

Anfangs September lfd. Jrs. erstattete Konrad Weber gegen Ludwig Ferber bei der Staatsanwaltschaft am Landgerichte X Anzeige wegen Meineids; er benannte Zeugen dafür, daß Ferber ihm allerdings den fraglichen Laden vermietet habe, und beantragte die Einleitung des Strafverfahrens. Es wurde Voruntersuchung gegen Ferber eröffnet. Die Vernehmung der von Weber benannten Zeugen führte zu einem für den Angeschuldigten nicht günstigen Ergebnisse; letzterer aber blieb bei seinem Verhöre darauf stehen, daß er den Eid mit gutem Gewissen geleistet und den Laden nicht an Weber vermietet habe.

Der Fehler in der Eidesnorm wurde erst entdeckt, als der Staatsanwalt an die Fertigung der Anklageschrift ging. Dem zur Fertigung der Anklageschrift berufenen staatsanwaltschaftlichen Beamten erschien die Frage, welcher strafbaren Handlung Ludwig Ferber anzuklagen sei, sehr zweifelhaft. Er beriet über den Fall mit seinen Kollegen und es traten bei dieser Beratung vier Meinungen zu Tage. Die eine Ansicht ging dahin, daß Ferber trotz des Versehens bei der Eidesabnahme sich des Verbrechens des Meineids schuldig gemacht habe; eine zweite Meinung erachtete unter den obwaltenden Verhältnissen nur die Anklage wegen Versuchs des Meineids für begründet; die dritte Anschauung war, daß Ferber wegen fahrlässigen Falscheides anzuklagen sei, weil er bei Anwendung der durch die Heiligkeit des Schwuraktes gebotenen Sorgfalt und Umsicht den Fehler in der Eidesnorm hätte merken müssen, während die vierte Meinung sich dahin aussprach, daß im vorliegenden Falle eine strafbare Handlung überhaupt nicht gegeben sei.

Welche dieser Meinungen ist die richtige?

2. Zwei Soldaten hatten von ihrem Vorgesetzten den dienstlichen Befehl erhalten, die Ordnungsstörer bei einem entstandenen Auflaufe zu verhaften. Es lag in der Natur dieses Auftrages, daß es dem Ermessen der Soldaten anheimgestellt bleiben mußte, diejenigen Personen, welche Exzesse verübten und daher zu verhaften waren, herauszufinden. Die Soldaten verhafteten nun infolge eines Versehens den A, obwohl bei diesem die thatsächlichen Voraussetzungen zur Festnahme fehlten, weil er die Ordnung in keiner Weise gestört hatte. Als dem A, welcher sich freilich über seine Person nicht genügend auszuweisen vermochte, die Festnahme angekündigt wurde, weigerte er sich unter Berufung auf seine Unschuld, den Soldaten zu folgen, stemmte sich vielmehr, als ihn die Soldaten vorwärts schieben wollten, mit den Füßen fest gegen den Boden und klammerte sich mit den Händen an einen an der Straße stehenden Gaskandelaber. Den vereinten Bemühungen der Soldaten gelang es, den Widerstand des A zu überwältigen; A sah die Nutzlosigkeit ferneren Sträubens ein und war, da er keine Möglichkeit der Flucht erblickte, entschlossen, sich nun in sein Schicksal zu fügen. Er ging ruhig zwischen den beiden Soldaten in der Richtung nach dem nahen Wachtlokale. Kaum aber war er etliche Schritte gegangen, als die beiden Soldaten, über die frühere Widersetzlichkeit des A er-

bittert, begannen, den Verhafteten durch Stöße mit den Gewehrkolben zu mißhandeln. Als der zur Stelle befindliche B, ein Freund des A, letzteres bemerkte, beschloß er dem bedrängten Freunde zu Hilfe zu kommen. In der zweifachen Absicht, den A vor der nach Lage der Umstände zu gewärtigenden Fortsetzung der Mißhandlung seitens der Soldaten zu schützen und demselben die Flucht zu ermöglichen, stürmte er gegen die Soldaten an, schlug dem einen derselben mit einem kräftigen Faustschlag den Helm vom Kopfe und hielt den anderen mit beiden Armen fest. A, dem Zurufe des Freundes „Lauf schnell" sofort Folge leistend, benützte die in Folge dieses unvermuteten Ueberfalles eingetretene Verwirrung der Soldaten, ergriff, während sich die letzteren mit dem B zu schaffen machten, schleunig die Flucht, war aber kaum 10 Schritte weit gelaufen, als er von einer des Weges kommenden Patrouille angehalten und wieder festgenommen wurde.

Wie sind die Handlungen des A und des B strafrechtlich zu beurteilen?

3. Am 29. Oktober 1880 kauften die Metzger Joseph N und Georg L in X gemeinschaftlich eine Kuh des Gütlers Michael M in Z für 24 Mark und schlachteten sie noch an demselben Tage. Die Kuh, welche bei der sächsischen Vieh-Versicherungsgesellschaft versichert war, litt, wie sämtliche Beteiligte wußten, an Tuberkeln; sie wurde für unheilbar gehalten und ihr Verkauf erfolgte für Rechnung der Versicherungsgesellschaft. Ihr Fleisch war nach dem — für die Entscheidung des Falles als maßgebend zu erachtenden — Gutachten des Amtsarztes in X infolge der Krankheit in einem Grade verdorben, daß der Genuß desselben für Menschen gesundheitsschädlich wirken mußte. Letzteres war auch sowohl dem Verkäufer als den Käufern der Kuh bekannt.

Joseph N hat nun von der auf ihn entfallenen Hälfte des Fleisches den größeren Teil noch frisch um den Preis von 35 Pfennig für das Pfund an den Bauern O in Y zum Zwecke des Einpöckelns und des allmähligen Verbrauchs in des letzteren Hauswirtschaft käuflich überlassen. Dabei verschwieg er dem O, daß das Fleisch von einem kranken Tiere herrühre, behauptete vielmehr, daß die Kuh nur wegen eines auf die Brauchbarkeit ihres Fleisches als Nahrungsmittel einflußlosen äußeren Gebrechens geschlachtet worden sei.

Georg L zerlegte den auf ihn entfallenen Anteil des Fleisches der Kuh verkaufsgerecht in Stücke, wie er sie voraussichtlich für seine Kunden brauchte, verlud diese Stücke auf seinen Handkarren und verbrachte sie so nach der städtischen Freibank zu X, um sie dort an der ihm zugewiesenen Verkaufsstelle zu verkaufen. Sowie er aber mit seinem Karren in die Freibank einfahren wollte, wurde er von dem städtischen Polizeidiener K angehalten. Eine Untersuchung des Fleisches ergab dessen fehlerhafte Beschaffenheit und führte zu dessen Beschlagnahme.

Das gegen Georg L eingeleitete Strafverfahren wurde alsbald, nachdem der Sachverhalt offenbar geworden war, auch auf Joseph N ausgedehnt. Infolge einer in des letzteren Wohnungs- und Geschäftsräumen gehaltenen Durchsuchung kam zutage, daß Joseph N den nach dem Verkaufe an den Bauern O ihm verbliebenen Rest seines Anteils an dem Fleische der Kuh zum Verbrauch in seinem eigenen Haushalt für seine Dienstboten eingepöckelt hatte. Zur Verwendung war von diesem Fleische noch nichts gelangt; doch hatte es Joseph N gerade am Tage vor der Durchsuchung der die Küche für die Dienstboten besorgenden Köchin bereits mit der Bestimmung überwiesen, dasselbe nach Bedarf zum Kochen herzunehmen.

Wie sind die Handlungen des Joseph N und des Georg L strafrechtlich zu beurteilen? Welche Strafen — im Höchst- und Mindestmaße — haben N und L etwa erwirkt?

Ist auch der Gütler Michael M strafbar und ist es auf dessen Strafbarkeit von Einfluß, ob er bei dem Verkaufe der Kuh gewußt hat, daß die Käufer das Fleisch derselben als Nahrungsmittel für Menschen in Verkehr bringen wollten?

Wie wäre es, wenn zwar Michael M bei dem Verkaufe der Kuh sich bewußt war, daß das Fleisch derselben von den Käufern voraussichtlich als Nahrungsmittel für Menschen werde verwendet werden, wenn aber die Käufer ihrerseits die Kuh in der — allerdings unausgesprochen gebliebenen — Absicht erworben hätten, die Haut entsprechend zu verwerten und das Fleisch an den Besitzer einer damals gerade in X aufgestellten Menagerie als Tierfutter zu verkaufen?

Die Beantwortung jeder Frage ist unter Anführung der einschlägigen Gesetzesstellen kurz zu begrüuden.

II. Aufgabe aus dem Strafrechte.

1. Der 20jährige Bauerssohn Alois Reiter von Au befand sich am 15. Juli l. Js. morgens 1/24 Uhr, mit Jagdgewehr, Schießzeug und Rucksack ausgerüstet, in der zum Jagdbezirke des Gutsbesitzers Grafen von Z gehörigen Waldung „Neureut", um dort zu wildern. Als Reiter eben hinter einem Baume auf dem Anstand stand, sah er, wie ungefähr 80 Schritte von ihm entfernt eine Mannsperson in der Richtung auf ihn her des Weges kam, welche er nach ihrer äußeren Erscheinung für den mit dem Jagdschutze in der fraglichen Waldung betrauten gräflichen Jagdgehilfen Schütz hielt. Er beschloß, um der unmittelbar bevorstehenden Betretung durch Schütz zuvorzukommen, auf letzteren zu schießen. Da er aber der sicheren Überzeugung war, daß Schütz in dem Dämmerlichte des Morgens ihn, der zudem durch ein ziemlich dichtes Gebüsch geborgen war, noch nicht gesehen hatte, so war seine Absicht nicht auf Tötung des sich nähernden Jagdgehilfen, sondern nur darauf gerichtet, letzteren für die Verfolgung unfähig zu machen. Reiter zielte deshalb gegen die Füße des inzwischen näher Gekommenen, drückte los und der Getroffene sank, von sechs Schroten am rechten Fuße verwundet, zu Boden. Sofort nach dem Schuße machte sich Reiter, durch das Dickicht schleichend, auf die Flucht.

Hinterher stellte sich heraus, daß die von dem Schuße getroffene Person der Holzarbeiter Joseph Meier war, welcher sich damals an seinen Arbeitsplatz in jenem Walde begeben wollte und welchen Reiter in der Morgendämmerung irrtümlich für den Jagdgehilfen Schütz gehalten hatte. Meier war infolge der Schußwunden sechs Wochen arbeitsunfähig; einen weiteren Nachteil hat er nicht erlitten.

Gegen Alois Reiter wird öffentliche Klage erhoben unter der Anschuldigung wegen eines Verbrechens des Versuchs zu einem Verbrechen des Widerstands gegen die Staatsgewalt gemäß § 118 des Strafgesetzbuchs. Ist diese Anklage begründet und erschöpft dieselbe den in der vorstehenden Thatgeschichte niedergelegten strafbaren Thatbestand?

2. Der Gutsbesitzer F in P hatte im heurigen Herbste die Wahrnehmung gemacht, daß in dem ihm gehörigen, vier Tagwerk großen Fischteiche, der die Eigenschaft eines vollständig geschlossenen Gewässers hat, eine auffällig große Anzahl von Fischen verendet und teilweise sogar in Stücke zerrissen an der Oberfläche des Wassers dahintrieb. F glaubte Grund zu der Annahme zu haben, daß die Tötung dieser Fische durch die unberechtigte Einwirkung eines Dritten erfolgt sei, und sein Verdacht richtete sich gegen den Taglöhner Konrad K in P, welchen er wegen schlechter Arbeit aus seinem Dienste entlassen und welcher, hierüber erbittert, wiederholt gedroht hatte, er werde dem F seine Rache schon fühlen lassen. Es wurde bei Konrad K Haussuchung gehalten und dabei fand man in dessen Besitze, in einer Kiste auf dem Dachboden seines Hauses versteckt, sechs Stück Dynamitpatronen.

In dem eingeleiteten Strafverfahren gestand Konrad K, daß er von dem ihm befreundeten Grubenarbeiter Felix M im August heur. Js. 10 Stück Dynamitpatronen zu dem Zwecke erworben hatte, um dieselben in dem Fischweiher des F zur Explosion zu bringen. Er habe hiebei die Absicht gehabt, dem F durch Tötung möglichst vieler Fische Schaden zuzufügen, um sich für seine Entlassung zu rächen. In zwei Nächten habe er je zwei Patronen in dem Weiher explodieren lassen und bei dieser Gelegenheit allerdings auch von den hiedurch getöteten Fischen so viele sich angeeignet, als er zur Verwendung in seinem eigenen Haushalte brauchen konnte.

Von den noch vorhandenen sechs Patronen hätte er, wenn er nicht entdeckt worden wäre, den gleichen Gebrauch gemacht.

In der Richtung gegen den Grubenarbeiter Felix M wurde durch die Untersuchung festgestellt, daß er infolge seines Berufes als Bergmann sich in den Besitz der Patronen zu setzen gewußt und daß er dieselben dem Konrad K, welcher in einer dem M glaubhaft erschienenen Weise angegeben hatte, sie zum Fischen in dem Schwarzachflusse und in den darein mündenden Bächen benutzen zu wollen, auf wiederholtes Bitten geschenkt hatte, obwohl ihm bekannt war, daß Konrad K zum Fischen in den bezeichneten Gewässern keine Berechtigung besaß.

Welcher strafbaren Handlungen haben sich Konrad K und Felix M schuldig gemacht und welche Strafen — im Höchst- und Mindestmaße — haben dieselben verwirkt?

3. Der Wildprethändler G in R hatte am 20. Septbr. l. Js. vormittags in seinem Laden 18 Stück Hasen zum Verkaufe ausgelegt. Bei einer Visitation des Ladens durch den mit Ausübung der Gesundheits- und Lebensmittelpolizei amtlich betrauten, als Hilfsbeamter der Staatsanwaltschaft zu erachtenden städtischen Bezirksinspektor X zeigte sich, daß von diesen 18 Hasen drei Stück bereits so sehr in Verwesung übergegangen waren, daß das Fleisch derselben, wenn auch nicht für gesundheitsschädlich, so doch infolge der beginnenden Fäulnis für erheblich herabgesetzt in seiner Tauglichkeit als Nahrungsmittel, sohin für verdorben erachtet werden mußte. Daß G diese Hasen schon einem Kunden zum Kaufe angeboten hatte, konnte nicht nachgewiesen werden.

Der Bezirksinspektor, welcher die drei Hasen nach ihrer Untersuchung abgesondert von den übrigen vor sich auf den Ladentisch gelegt hatte, machte dem G über den verdorbenen Zustand dieser Ware Vorhalt und schritt zur Beschlagnahme derselben, wobei er an G die Worte richtete: „Diese drei Hasen belege ich mit Beschlag“. G bestritt die Zulässigkeit einer Beschlagnahme, weil das Fleisch der Hasen, wenn dasselbe auch einigen haut gout habe, doch recht wohl noch genießbar sei. Als nun der Bezirksinspektor sich anschickte, die vor ihm auf dem Ladentische liegenden Hasen, um sie mit sich zu nehmen, zu ergreifen, faßte ihn G mit beiden Armen fest um den Leib, drängte den sich Sträubenden mit aller Kraft gegen die offen stehende Ladenthüre, schob ihn mit kräftigem Ruck zur Thüre hinaus und sperrte rasch die Thüre hinter ihm zu. Der Inspektor entfernte sich, kam aber nach etwa einer halben Stunde in Begleitung von zwei Polizeidienern wieder. Als er nun die drei Hasen mit sich nehmen wollte, zeigte sich, daß dieselben aus dem Laden verschwunden waren. Der im Laden anwesende G verweigerte jede Auskunft über deren Verbleib. Bei einer später vorgenommenen Haussuchung aber wurden sie in einem an den Laden anstoßenden Gewölbe auf dem Boden eines mit Stroh gefüllten Fasses versteckt gefunden. G gestand nun, daß er die Hasen sofort nach der Entfernung des Bezirksinspektors dort verborgen hatte.

Wie sind die Handlungen des G strafrechtlich zu beurteilen?

Die Beantwortung jeder Frage ist unter Anführung der einschlägigen Gesetzesstellen kurz zu begründen.

I. Aufgabe aus dem Strafprozeß.

I. Am 1. August 1889 erhielt der Bürgermeister A in X einen daselbst am genannten Tage der Post übergebenen anonymen Brief, welcher schwere Beleidigungen gegen ihn in Beziehung auf seinen Beruf enthielt. A stellte deshalb am 3. August zu Protokoll des Staatsanwalts bei dem Landgerichte X Strafantrag und bezeichnete auf Befragen als der Absendung des Briefes verdächtig den Kommissionär B zu X. Dieser sei nämlich bis vor kurzem bei dem Magistrat in X bedienstet gewesen, wegen Ordnungswidrigkeiten aber entlassen worden und infolge dessen ihm feindlich gesinnt; auch vermute er in B einen regelmäßigen Korrespondenten des zu Y er scheinenden Tagblattes „Wahrheit“, und wenn sich das letztere auch trotz gelegentlicher Besprechung gemeindlicher Angelegenheiten bisher noch in keiner Weise mit seiner Person beschäftiget habe, so enthalte doch gerade die am 1. August ausgegebene Nummer 180 einen Artikel aus X, welcher in ganz ähnlicher Weise wie der anonyme Brief seine Amtsführung angreife und ihn wahrscheinlich noch veranlassen werde, auch gegen die „Wahrheit“ Strafantrag zu stellen. Die Schrift des Briefes war offenbar absichtlich und in geschickter Weise entstellt; immerhin erschien es bei Vergleichung mit Schriftstücken von der Hand des B, welche A auf Aufforderuug des Staatsanwalts beibrachte, nicht ausgeschlossen, daß auch der Brief von B herrühre.

Vor jeder weiteren Untersuchungshandlung richtete am 4. August der Staatsanwalt folgendes Schreiben an das Amtsgericht Y:

„Ich habe Vorverfahren wegen Vergehens der Beleidigung des Bürgermeisters A in X in Beziehung auf dessen Beruf, begangen durch beifolgenden Brief, eröffnet. Da die am 1. ds. Mts. ausgegebene Nummer 180 der zu Y erscheinenden „Wahrheit“ die Amtsführung des A in ganz ähnlicher Weise wie der anonyme Brief bespricht, so ersuche ich den verantwortlichen Redakteur C der „Wahrheit“ als Zeugen darüber zu vernehmen, ob er den Absender des Briefes kenne, und bejahenfalls, wer derselbe sei, verneinendenfalls aber, wer den erwähnten in Nummer 180 der „Wahrheit“ enthaltenen Artikel aus X, dann überhaupt die im Laufe des Jahres 1889 in der „Wahrheit“ erschienenen Korrespondenten aus X eingesendet habe, ferner ob er nicht Gründe und eventuell welche für die Vermutung habe, daß einer jener Korrespondenzen der Absender des anonymen Briefes sei. Von Anordnung der Haft zur Erzwingung des Zeugnisses, falls dasselbe verweigert werden sollte, ersuche ich bis auf weiteren Antrag von meiner Seite abzusehen“.

C vor den betreffenden Amtsrichter geladen, gab auf Bekanntgabe des Briefes und des Ersuchschreibens (mit Ausnahme jedoch des Schlußsatzes) und nach Beantwortung der Generalfragen folgende Erklärung ab:

„Da ich bei der wesentlichen Gleichheit der in dem Briefe und der in dem fraglichen Artikel der „Wahrheit" enthaltenen — meiner Ansicht nach allerdings nicht strafbaren — Äußerungen in meiner Eigenschaft als verantwortlicher Redakteur vielleicht selbst noch strafrechtliche Verfolgung zu gewärtigen habe, so muß ich die Rolle eines Zeugen in dieser Sache ablehnen. Übrigens besorgt schon seit Jahren alle Geschäfte der Redaktion mein Buchhalter D und müßte ich daher auch, um auf irgend eine der gestellten Fragen sachgemäße Antwort geben zu können, erst bei D Erkundigungen einziehen, wozu ich mich nicht für verpflichtet erachte".

Der Amtsrichter entließ hierauf den C und lud den D als Zeugen vor. Dieser, von dem Brief und dem Schreiben des Staatsanwalts (jedoch mit Ausnahme des Schlußsatzes) sowie von der Äußerung des C in Kenntnis gesetzt, erklärte nach Beantwortung der Generalfragen:

„Es ist richtig, daß ich seit Jahren allein die Redaktion der „Wahrheit" besorge, und vollkommen glaubhaft, daß C nichts auf die Sache Bezügliches weiß. Auch ich muß jedoch das angesonnene Zeugnis verweigern, weil

1. eine etwa gegen C als verantwortlichen Redakteur der „Wahrheit" eingeleitete strafrechtliche Untersuchung möglicherweise auch auf mich als den thatsächlichen Redakteur ausgedehnt werden könnte;

2. nicht ersichtlich ist, ob Strafantrag wegen des angeblich beleidigenden Briefes gestellt wurde, bei dem Mangel eines solchen aber das ganze Verfahren der gesetzlichen Grundlage entbehren würde;

3. dem Amtsgericht Y ohne bezügliches Ersuchen des Staatsanwalts die Zuständigkeit fehlt, mich als Zeuge in vorwürfiger Sache zu vernehmen;

4. das Schreiben des Staatsanwalts den Beschuldigten nicht nennt, obwohl, wie ich Grund habe anzunehmen, ein solcher vorhanden ist;

5. die Zeugnispflicht sich nur auf den Gegenstand der Untersuchung erstreckt, die Frage aber, wer außer dem Verfasser des Artikels in Nr. 180 der „Wahrheit" sonst noch in die letztere schreibt, für die gegenwärtige Untersuchung ohne Belang erscheint;

6. der Zeuge lediglich anzugeben hat, was er von einer Sache weiß, nicht auch, was er etwa meint oder vermutet".

Das Protokoll fährt dann fort:

D wurde über das Unzutreffende seiner Einwände belehrt und auf die gesetzlich vorgesehenen Mittel zur Erzwingung des Zeugnisses aufmerksam gemacht, erklärte jedoch wiederholt und auf das Bestimmteste, daß er sich durch nichts von seiner Weigerung abbringen lasse.

Demselben wurde daher eröffnet, daß unter diesen Umständen nichts erübrige, als sofort zu dem äußersten Mittel, der Zwangshaft, zu greifen, welche hiemit auch angeordnet werde, und daß er gegen diese Verfügung zwar Beschwerde an das Landgericht Y ergreifen könne, die Beschwerde aber keine aufschiebende Wirkung habe.

D erklärte hierauf:

„Ich beschwere mich gegen meine Verhaftung, weil ich die Zeugnisverweigerung aus den angeführten Gründen für berechtigt und meine Verhaftung für ungesetzlich halte".

1. War es richtig, daß der Amtsrichter sich mit der Erklärung des C begnügte und von weiteren Maßnahmen gegen denselben Umgang nahm?

2. Waren die einzelnen Einwände des D gegen seine zeugschaftliche Vernehmung begründet?

3. Wie ist unter der Annahme, daß die Einwände nicht begründet waren, die Haftbeschwerde zu entscheiden?

II. In einer öffentlichen Versammlung wurde der Agent E von dem Kaufmann F von allen Anwesenden ein „gemeingefährlicher Schwindler" genannt. E stellte daher Beleidigungsklage gegen F, und durch schöffengerichtliches Urteil wurde auch F der Beleidigung des E für schuldig erkannt, jedoch mit Rücksicht auf die immerhin für E sehr kompromittierenden Ergebnisse der Hauptverhandlung nur zu der gesetzlich niedrigsten Geldstrafe von 3 Mk. verurteilt. Zugleich wurde dem E die Befugnis zugesprochen, innerhalb einer bestimmten Frist die Verurteilung auf Kosten des F in dem am Gerichtssitz erscheinenden „Anzeiger" öffentlich bekannt zu machen. E ließ nun zwar den Schuldausspruch, nicht aber auch die erkannte Strafe in der erwähnten täglich erscheinenden Zeitung veröffentlichen, weshalb F, welcher in der Geringfügigkeit der Strafe eine Genugthuung für sich und eine moralische Verurteilung des E erblickte, an den verantwortlichen Redakteur das Verlangen stellte, auch den Strafausspruch in seinem Blatte bekannt zu machen. Obwohl sich jedoch F hiebei ausdrücklich auch zur Zahlung der Inserationsgebühr erbot, weigerte sich dennoch der Redakteur, dem Wunsche des F nachzukommen.

Hat F ein Recht darauf, daß nach Veröffentlichung des Schuldausspruches in dem „Anzeiger" auch die Strafe daselbst bekannt gegeben werde, und angenommen, er habe dieses Recht, wie kann er etwa demselben Geltung verschaffen?

Die Beantwortung der Fragen ist zu begründen.

II. Aufgabe aus dem Strafprozeß.

1. Nach der bei dem bayrischen Amtsgericht Z für das Jahr 1889 getroffenen, auch an der Gerichtstafel und im Amtsblatte bekannt gemachten Geschäftsverteilung ist der Vorsitz bei den schöffengerichtlichen Verhandlungen gegen Angeklagte, deren Familiennamen mit den Buchstaben A bis L beginnen, dem Amtsrichter O, gegen Angeklagte, deren Familiennamen mit den Buchstaben M bis Z beginnen, dem Amtsrichter P übertragen. Taglöhner Johann Huber von Z, wegen einer Übertretung als Angeklagter in die Sitzung des Schöffengerichts unter dem Vorsitze des Amtsrichters O geladen, erhebt sofort beim Anfruf der Sache den Einwand der Unzuständigkeit, weil der Name Huber, den er von Kindheit an

nach seinem Pflegevater Huber führe, nicht sein richtiger Name sei, nach seiner außerehelichen Mutter vielmehr ihm der Familiennamen Müller gebühre. Der Amtsanwalt macht demgegenüber geltend, daß, nachdem der Angeklagte thatsächlich den Namen Huber führe und über die Identität der Person kein Zweifel bestehe, dem Schöffengerichte nicht zugemutet werden könne, über die Berechtigung des Angeklagten zur Führung jenes Namens Erhebungen anzustellen.

Wie hat das Schöffengericht auf den Einwand des Angeklagten zu entscheiden?

(Die Beantwortung der Frage ist zu begründen).

2. Am 15. November 1889 wurde bei der Gendarmerie in N, Sitz eines Amts- und eines Landgerichts, Anzeige erstattet, daß im Pfarrhof daselbst zwischen 12 und 1 Uhr mittags aus dem im I. Stock befindlichen unversperrten Arbeitszimmer des Pfarrers F eine auf dem Schreibtisch gelegene Geldsumme von 24 Mk., aus verschiedenen Münzsorten bestehend und Eigentum des Pfarrers, abhanden gekommen sei. Des Diebstahls verdächtig erschienen die Schreinergesellen I und K von N, welche am genannten Tage im Pfarrhofe mit Schreinerarbeiten beschäftiget waren. Gegen dieselben wurde auch von dem Amtsrichter das Hauptverfahren wegen Vergehens des Diebstahls vor dem Schöffengericht eröffnet. In der Hauptverhandlung vom 6. Dezember 1889 (anwesend: Amtsrichter A, Schöffen B und C, Amtsanwalt D, Gerichtsschreiber E) ergab sich aus den Erklärungen der Angeklagten und den Aussagen der Zeugen Pfarrer F, Dienstmagd G und Schreinermeister H, daß die Annahme, es habe die entwendete Summe nur 24 Mk betragen und es sei das Arbeitszimmer unversperrt gewesen, auf Irrtum beruhte, die entwendete Summe vielmehr sich mindestens auf 30 Mk. belief und der Diebstahl durch Öffnung der Zimmerthüre mittels eines falschen Schlüssels bewirkt wurde, daß ferner nicht K, sondern der Schreinergeselle L von N, welcher den K während der Mittagszeit bei der Arbeit abgelöst hatte, gemeinschaftlich mit I den Diebstahl ausführte. Der Amtsanwalt

beantragte daher nach durchgeführter Verhandlung, das dem Ergebnisse der letzteren Entsprechende zu verfügen.

Es ist der Beschluß des Schöffengerichts, welches auch die Verhaftung des I wegen Fluchtgefahr für geboten hält, zu entwerfen. Soweit etwa die Erlassung eines Urteils für veranlaßt erachtet wird, ist dies unter Anführung der Gründe zu bemerken.

3. Am 1. Juli 1889 fiel in dem allgemein zugänglichen Hofe des Anwesens des Bauern R zu X — Amtsgerichts und Landgerichts Z — eines von mehreren dort spielenden Kindern in eine regelmäßig zugedeckte, an jenem Tage aber aus Versehen des R unverdeckt gebliebene, mit Wasser gefüllte Grube und ertrank, ohne daß hiewegen, abgesehen von der Fahrlässigkeit des R, Jemanden ein Vorwurf traf. Es wurde daher durch Beschluß des Landgerichts Z vom 1. August gegen R wegen einer Übertretung nach § 367 Ziff. 12 und wegen sachlich hiemit zusammentreffenden Vergehens der fahrlässigen Tötung nach § 222 des St.=G.=B. das Hauptverfahren vor dem Landgerichte Z eröffnet, und R auch am 31. August wegen der Übertretung zu 20 Mk. Geldstrafe, wegen des Vergehens zu 14 Tagen Gefängnis verurteilt. Das Gericht wußte hiebei nicht, daß R wegen der Übertretung bereits durch rechtskräftig gewordenen Strafbefehl des Amtsgerichts Z vom 15. Juli, zugestellt am 20. Juli, zu 20 Mk. Geldstrafe verurteilt worden war.

1. Konnte R, welcher es übersehen hatte, bei der Hauptverhandlung vor dem Landgerichte von seiner bereits erfolgten Verurteilung Mitteilung zu machen, gegen das landgerichtliche Urteil mit Aussicht auf Erfolg Revision einlegen?

2. Konnte R, wenn das landgerichtliche Urteil infolge Nichteinlegung der Revision rechtskräftig wurde, mit Aussicht auf Erfolg Wiederaufnahme des Verfahrens beantragen?

3. Wie hätte das Landgericht zu entscheiden gehabt, wenn R bei der Hauptverhandlung den Nachweis seiner bereits erfolgten Verurteilung erbracht hätte, und zwar unter

der Voraussetzung, daß das Gericht zwischen der Übertretung und dem Vergehen

a) sachliche Konkurrenz,

b) nur begriffliche Konkurrenz annahm?

(Die Beantwortung der Fragen ist zu begründen).

Praktischer Fall

aus dem Justizfache für die zweite Prüfung der Rechtskandidaten in den Landesteilen rechts des Rheins i. J. 1889.

Die Kandidaten haben die auf grund der mündlichen Verhandlung vom 30. November 1889 zu erlassende landgerichtliche Entscheidung nach Maßgabe der in der Zivilprozeßordnung enthaltenen Vorschriften auszuarbeiten; die Darstellung des Thatbestandes kann unterbleiben. In den Entscheidungsgründen sind die sämtlichen in den mündlichen Vorträgen geltend gemachten rechtlichen Gesichtspunkte zu würdigen.

Neben den Reichsgesetzen ist das Gemeine Recht mit den für das ganze Gebiet desselben in Bayern geltenden Landesgesetzen anzuwenden.

Der zur Rechtsanwaltschaft bei dem Königlichen Landgerichte Kronburg zugelassene Rechtsanwalt Bergmann dortselbst erhob als Bevollmächtigter des Bierbrauers Georg Braun in Kronburg gegen die Bauunternehmerswitwe Emma Steiner ebendaselbst eine an das Königliche Landgericht Kronburg gerichtete Klage.

Auf Einreichung der Klageschrift bei der Gerichtsschreiberei des Prozeßgerichts wurde zur mündlichen Verhandlung des Rechtsstreits Termin auf den 30. November 1889 vormittags neun Uhr vor der ersten Zivilkammer des Landgerichts bestimmt.

Die Beklagte, der die Klageschrift am 21. Oktober 1889 zugestellt wurde, bestellte als Prozeßbevollmächtigten den zur Rechtsanwaltschaft bei dem Prozeßgerichte zugelassenen Rechtsanwalt Winter.

Am 11. November 1889 ließ der zur Rechtsanwaltschaft bei dem Prozeßgerichte zugelassene Rechtsanwalt Dr. Kurz als Bevollmächtigter des Theaterdirektors Max Dorner in Kronburg den Anwälten der Parteien einen Schriftsatz zustellen, in dem er unter Angabe des rechtlichen Interesses des Max Dorner an dem Obsiegen der Beklagten erklärte, daß derselbe der letzteren beitrete.

Die Anwälte der Parteien und des Intervenienten wechselten die erforderlichen vorbereitenden Schriftsätze.

Die erste Zivilkammer des Prozeßgerichts war in der zur mündlichen Verhandlung des Rechtsstreits bestimmten Sitzung mit folgenden Richtern besetzt: Landgerichtspräsident Albrecht, Landgerichtsräte Falk und Helwig. Als Gerichtsschreiber leistete Dienst der Rechtspraktikant Kraus.

Bei dem Aufrufe der Sache waren die Rechtsanwälte Bergmann, Winter und Dr. Kurz erschienen. Der Vorsitzende eröffnete die mündliche Verhandlung. Es verlas hierauf der Rechtsanwalt Bergmann aus der Klageschrift folgenden Antrag:

„Das Königliche Landgericht wolle erkennen, die Beklagte sei schuldig,

1. eine vierprozentige bayerische Staatsobligation zum Nennwerte von 500 Mk.,
2. das in ihrem Besitze befindliche Inventar des ehemaligen Volkstheaters,
3. die von dem Theaterdirektor Max Dorner ihr bestellte, aus dreieinhalbprozentigen Pfandbriefen der Bayerischen Hypotheken- und Wechselbank im Nennwerte von 2000 Mk. bestehende Kaution an den Kläger herauszugeben und die Kosten des Rechtsstreites zu tragen";

der Rechtsanwalt Winter aus der Klagebeantwortungsschrift den Antrag:

„Das Königliche Landgericht wolle die Klage abweisen und dem Kläger die Kosten auferlegen".

Der Rechtsanwalt Dr. Kurz erklärte, daß er zunächst

keinen selbständigen Antrag stelle, sondern sich lediglich dem Antrage des Anwalts der Beklagten anschließe.

Der Vorsitzende erteilte nun das Wort dem Rechtsanwalte Bergmann. Dieser trug folgendes vor.

„Der Bierbrauereibesitzer Braun lieferte vom 1. Oktober 1880 an dem damaligen Pächter der Restauration des hiesigen Volkstheaters, Johann Weber, das für den Betrieb der Theaterrestauration erforderliche Bier. Von dem Kaufpreise des in der Zeit vom 1. Oktober 1880 bis zum 31. Dezember 1883 bezogenen Bieres blieb Weber den Betrag von achthundert Mark schuldig. Hinsichtlich dieser — zum Teile schon früher, in ihrem Gesamtbetrage aber jedenfalls am 31. Dezember 1883 fällig gewordenen — Schuld nebst 5% Zinsen daraus vom 1. Januar 1884 an erwirkte Georg Braun einen Zahlungsbefehl des hiesigen Amtsgerichts gegen Johann Weber, der diesem am 13. Januar 1887 zugestellt und am 30. desselben Monats für vollstreckbar erklärt wurde.

Als der Restaurationswirt Weber kurz vor dem 1. Oktbr. 1880 mit dem Bierbrauereibesitzer Braun den Vertrag wegen Lieferung des für den Betrieb der Theaterrestauration erforderlichen Bieres schloß, bestellte er demselben für die Bezahlung der Bierlieferungen Sicherheit dadurch, daß er erklärte, zur Deckung allenfallsiger Rückstände des Kaufpreises könne sich Braun an das ihm gehörige, als Kaution in den Händen des Verpächters der Restauration, des Theaterdirektors Dorner, befindliche Wertpapier halten. Zur Bekräftigung dessen übergab er dem Georg Braun die von dem Verpächter über den Empfang der Kaution ihm ausgestellte Urkunde, die folgendermaßen lautet:

„Ich bekenne hiemit, von Herrn Johann Weber als Kaution für die Erfüllung des heute von mir mit ihm abgeschlossenen, am 1. Oktober 1880 in Wirksamkeit tretenden Pachtvertrags eine auf den Inhaber lautende vierprozentige bayerische Staatseisenbahn-Anlehensobligation zu 500 Mk. empfangen zu haben.

Kronburg, 1. Sept. 1880. Max Dorner, Theaterdirektor".

Auf grund des für vollstreckbar erklärten Zahlungsbefehls erwirkte Braun die Pfändung „der dem Johann Weber gegen den Theaterdirektor Max Dorner zustehenden Forderung auf Zurückgabe der dem letzteren bestellten Kaution von 500 Mk." und die Überweisung derselben zur Einziehung.

Der Pfändungs- und Überweisungsbeschluß des Amtsgerichts vom 20. August 1887 ist dem Max Dorner als Drittschuldner am 23. desselben Monats und mit einer Abschrift der Zustellungsurkunde am 24. desselben Monats dem Schuldner Weber zugestellt worden.

Der erstere wäre hienach, zumal das Pachtverhältnis zwischen ihm und dem Restaurateur Weber seit dem im November vr. Js. eingetretenen Tode des letzteren gelöst ist, schuldig, das Wertpapier an den Kläger herauszugeben. Etwaige aus dem Pachtverhältnisse herrührende Ansprüche desselben gegen den früheren Pächter würden ihn nicht berechtigen können, die Herausgabe zu verweigern, weil er für die den Gegenstand des Vollstreckungsbefehls bildende Schuld zugleich persönlich haftet.

Abgesehen davon, daß sich Max Dorner — worauf ich später zurückkommen werde — für die Zahlung der Schuld verbürgt hat, folgt nemlich seine persönliche Haftung aus der rechtlichen Natur des Verhältnisses, in dem er zu dem Restaurateur Weber stund. Dorner war Nutznießer des Theatergebäudes, sohin auch der darin befindlichen Restaurationsräume, und hatte, um die Restaurationswirtschaft ausüben zu können, vom hiesigen Stadtmagistrate am 10. August 1880 die gewerbspolizeiliche Erlaubnis zum Betriebe der Schankwirtschaft erhalten Wenn er nun durch den Pachtvertrag vom 1. September 1880 die Ausübung dieses Gewerbs auf Johann Weber übertrug, der seinerseits, wie ich betone, eine behördliche Erlaubnis zum Betriebe der Schankwirtschaft nicht hatte, so kann es keinem Zweifel unterliegen, daß dieser für die Ausübung der Restaurationswirtschaft Stellvertreter des Dorner war. Aus den von dem Stellvertreter innerhalb der Grenzen der ihm übertragenen Geschäftsführung mit Dritten eingegangenen Verträgen haftet aber nach bekanntem Rechtssatze auch der Gewerbsherr.

Das den Gegenstand der gepfändeten und überwiesenen Forderung bildende Wertpapier befindet sich nicht mehr im Besitze des Drittschuldners Dorner, sondern in den Händen der Beklagten. Der Besitz der letzteren ist ein unrechtmäßiger, keinenfalls können die an denselben sich etwa knüpfenden Rechtsansprüche der Beklagten dem Rechte des Klägers Eintrag thun. Da der Gegenstand der Forderung übrigens eine vertretbare Sache ist, geht das Interesse des Klägers, sohin auch der Anspruch, den er gegen die Beklagte erhebt, nicht weiter, als daß diese ihm eine vierprozentige bayerische Staatsobligation im Nennwerte von fünfhundert Mark verabfolge.

Außer den im Eingange meines Vortrages erwähnten achthundert Mark schuldete der Restaurateur Weber dem Kläger zweitausend Mark nebst 4% Zinsen daraus vom 1. Oktober 1887 an. Der Kläger hat ihm zur Anschaffung der für den Betrieb der gepachteten Restauration erforderlichen Wirtschaftsgeräte am 1. Oktober 1880 ein Darlehen genannten Betrages gegeben, das zu vier vom hundert zu verzinsen war. Die Zinsen hat Weber für die Zeit bis zum 1. Oktober 1887 bezahlt, etwas weiteres aber war und ist nicht zu erlangen, da der — abgesehen von dem Kautionskapital zu fünfhundert Mark — nur aus dem abgenützten Wirtschaftsinventare bestehende Nachlaß Weber's durch die Bezahlung der Krankheits- und Beerdigungskosten aufgebraucht worden ist.

Auch für diese Schuld haftet dem Kläger der Theaterdirektor Dorner und zwar als Bürge. Der Kläger hatte dem Restaurateur Weber im März 1885 erklärt, zur Klagestellung gegen ihn schreiten zu müssen, soferne er nicht in der Lage sei, hinsichtlich seiner durch die Verpfändung der Kaution von fünfhundert Mark nur teilweise gedeckten Bierschuld und zugleich hinsichtlich seiner Darlehensschuld weitere Sicherheit, etwa durch Bürgschaftsleistung, zu beschaffen. Hierauf empfing der Kläger am 1. April 1885 einen Brief des Theaterdirektors Dorner vom nämlichen Tage folgenden Inhalts:

„Ich ersuche Sie, den Restaurateur Weber wegen Zahlung seiner Schuld von 2800 Mark nicht zu drängen. Ich stehe für dieselbe ein mit dem mir gehörigen Inventare des Theaters und mit der der Besitzerin des letzteren bestellten Kaution von 2000 Mark. Beides bietet Ihnen vollste Sicherheit, da ich meinen Verpflichtungen gegen Frau Steiner stets pünktlich nachkomme. Eine Vorenthaltung des Inventars oder der Kaution seitens der Genannten bei Ablauf meines Vertrags brauchen Sie deshalb nicht zu besorgen".

Enthielt diese Erklärung auch nur eine beschränkte Bürgschaftsleistung, so beruhigte sich der Kläger doch bei derselben, weil sie ihm ein unmittelbares Recht an bestimmten Vermögensbestandteilen des Bürgen gewährte, das Recht, die vom Hauptschuldner nicht zu erlangende Befriedigung sich aus den vom Bürgen ihm angewiesenen Vermögenswerten zu verschaffen. Dieses Recht des Klägers ist von der Beklagten ausdrücklich anerkannt worden, indem sie, als der Kläger ihr am 2. April 1885 die Erklärung Dorner's vorlegte, ihm die Zusicherung gab, sie wolle dessen Kaution, die jetzt auch dem Kläger hafte, unbeschadet ihres Vorzugsrechtes auch für den Kläger verwahren. Selbstverständlich erfordert die Ausübung des Rechts des Klägers den Besitz der ihm bezeichneten Befriedigungsmittel. Inhaberin derselben ist die Beklagte. Sie weigert sich, dieselben dem Kläger herauszugeben. Daß die Gründe ihrer Weigerung unstichhaltig sind, wird die weitere Verhandlung ergeben. Ich bitte, sie der Klagsbitte gemäß zu verurteilen.

Der Vorsitzende erklärte hierauf, er sehe sich veranlaßt, nunmehr das Wort zunächst dem Rechtsanwalte Dr. Kurz zu erteilen, weil es der Feststellung des Sachverhältnisses förderlich sein werde, vor weiteren Erörterungen Aufklärung darüber zu erhalten, in welchem Rechtsverhältnisse der Theaterdirektor Dorner einerseits zu der Beklagten, andererseits zu dem Restaurateur Weber stund. Da hiegegen von keiner Seite eine Erinnerung erhoben wurde, nahm der Rechtsanwalt Dr. Kurz das Wort. Derselbe trug folgendes vor:

Das zu Beginn des laufenden Jahres zum Zwecke der Erweiterung des Bahnhofs im Enteignungsverfahren an den Staat abgetretene, auch schon abgebrochene „Volkstheater" ging seiner Zeit aus dem Nachlasse des Bauunternehmers Steiner in das Eigentum der von diesem hinterlassenen minderjährigen Kinder über. Der Witwe Emma Steiner fiel kraft letztwilliger Verfügung ihres Mannes das Recht der Nutznießung auf Lebenszeit zu. Dieses Recht veräußerte sie an den Theaterdirektor Dorner durch einen privatschriftlich aufgezeichneten Vertrag vom 1. Juni 1880, dessen wesentlicher Inhalt folgendermaßen lautet:

§ 1. Emma Steiner überläßt das in ihrer lebenslänglichen Nutznießung stehende Theatergebäude an Max Dorner zunächst für die Dauer von zehn Jahren vom 1. Oktober 1880 an.

§ 2. Max Dorner zahlt als Entgelt jährlich sechstausend Mark an Emma Steiner in monatlichen Teilbeträgen von fünfhundert Mark und leistet für die Erfüllung dieser Verbindlichkeit Sicherheit dadurch, daß er

1. zweitausend Mark bar oder in sicheren Wertpapieren bei der hiesigen Kreditbank hinterlegt und den Hinterlegungsschein der Emma Steiner übergibt;

2. das von ihm bei der Übernahme des Theaters in dasselbe einzubringende Inventar (Garderobe, Requisiten, Bibliothek) ihr zum Pfande bestellt".

Der Inhalt der übrigen Paragraphen ist ohne Interesse für den Rechtsstreit. Dorner übernahm das Theater an dem im Vertrage vorgesehenen Zeitpunkte und händigte gleichzeitig der Frau Steiner den von der Kreditbank ihm ausgestellten Schein über die Tags zuvor erfolgte Hinterlegung von zweitausend Mark in dreieinhalbprozentigen Pfandbriefen der Bayerischen Hypotheken- und Wechselbank sowie eine Aufzeichnung des von ihm in das Theatergebäude eingebrachten Inventars ein.

Die Restaurationsräume des Theaters verpachtete Dorner zum Zwecke des Betriebs der Restauration durch Vertrag vom 1. September 1880 gegen ein in monatlichen Teilbeträgen zahlbares Pachtgeld von achthundert Mark und eine Abgabe von einer Mark von jedem zum Ausschanke gelangten Hektoliter Bier an Johann Weber, der ihm die im Vortrage des klägerischen Anwalts bezeichnete Kaution stellte. Richtig ist, daß nicht Johann Weber, sondern Max Dorner die behördliche Erlaubnis zum Betriebe der Schankwirtschaft im Theater besaß; Dorner's ursprüngliche, später aufgegebene Absicht war, die Restaurationswirtschaft selbst zu betreiben. Bestreiten muß ich dagegen die Richtigkeit der vom Vertreter des Klägers daraus gezogenen Folgerung, daß Weber rechtlich als Stellvertreter Dorner's zu betrachten sei und letzterer als „Gewerbsherr" für dessen Bierschuld hafte. Auch der sogenannten Verbürgung Dorner's für die Schuld des Weber an den Kläger legt der Vertreter des letzteren, wie ich schon jetzt bemerken will, eine ihr offenbar nicht zukommende rechtliche Bedeutung bei. Die briefliche Erklärung Dorner's vom 1. April 1885 ist auf keinen Fall geeignet, eine persönliche Haftung desselben für die Schuld Weber's zu begründen, und dazu, die vom klägerischen Vertreter, wie es scheint, angenommene, aber nicht näher charakterisierte dingliche Berechtigung des Klägers an den in dem Briefe bezeichneten Vermögensbestandteilen zu erzeugen, fehlt es an dem zur Wirksamkeit eines jeden dinglichen Vertrages unerläßlichen Erfordernisse der Besitzübertragung. Ich halte die ganze Erklärung vom 1. April 1885, so gut sie auch gemeint gewesen sein mag, für einen rechtlich völlig wirkungslosen Vorgang, woran auch die von der Beklagten bei Vorlage der Erklärung dem Kläger gegebene Zusicherung nichts zu ändern vermochte.

Um auf das Thatsächliche zurückzukommen, bemerke ich weiter folgendes: Als das Rechtsverhältnis zwischen Frau Steiner und dem Theaterdirektor Dorner einige Jahre lang bestund, erweckten Vorkommnisse, die hier näher zu erörtern nicht veranlaßt ist, in der ersteren die Besorgnis, die bei dem Abschlusse des Vertrags vom 1. Juni 1880 erfolgte Verpfändung des Theaterinventars möchte nicht geeignet sein, ihr die wünschenswerte Sicherung zu gewähren. Dieses Bedenken glaubten die Beteiligten nur dadurch heben zu können, daß — unabbrüchig der soeben erwähnten Verpfändung — das Inventar als Zugehörung des Theatergebäudes erklärt würde. Dies geschah und zwar in der Weise, daß der Vormund der Steiner'schen Kinder in Anwesenheit und mit ausdrücklicher Zustimmung Dorner's am 15. Januar 1885 von dem hiesigen Notar Ritter den Antrag beurkunden ließ, das von Dorner in das Theater eingebrachte und seitdem durch Nachschaffungen ergänzte, in einer Beilage der Urkunde verzeichnete Inventar als Zugehörung des Theatergebäudes in das Hypothekenbuch einzutragen. Die Eintragung erfolgte am 16. Januar 1885. Gleichzeitig verpflichtete sich Emma Steiner durch eine am 15. Januar dem Max Dorner schriftlich gegebene Erklärung, nach seinerzeitiger Lösung des zwischen ihr und Dorner bestehenden Vertragsverhältnisses und Erfüllung aller aus demselben entstandenen Verbindlichkeiten des letzteren die Löschung jenes Eintrags im Hypothekenbuche herbeizuführen. Bis zur Stunde ist die Löschung noch nicht erfolgt; das Vertragsverhältnis aber ist durch den am 1. Januar l. Js. erfolgten Übergang des Theatergebäudes in das Eigentum des Staates und die mit Wirksamkeit vom nämlichen Tage an erfolgte Ablösung des auf dem Gebäude ruhenden Nutznießungsrechtes erloschen.

Was nun die in der Klage erhobenen Ansprüche betrifft, so würde Max Dorner nichts dagegen zu erinnern haben, daß das Kautionskapital von fünfhundert Mark dem Kläger zum Behufe seiner teilweisen Befriedigung zur Verfügung gestellt würde. Er ist indes nicht in der Lage dies zu bewirken, weil Frau Steiner, die derzeitige Inhaberin desselben, bessere Rechte daran zu haben behauptet. In der Erörterung dieses Punktes will ich jedoch dem Anwalte der Beklagten nicht vorgreifen. Die anderen beiden Klagsansprüche, die sich lediglich auf die von mir schon beleuchtete briefliche Erklärung vom 1. April 1885 gründen, eignen sich ohne Zweifel zur Abweisung".

Der Vorsitzende erteilte hierauf das Wort dem Rechtsanwalte Winter. Dieser trug folgendes vor:

Ich protestiere vor allem gegen die von dem Vertreter des Intervenienten erklärten Anerkennung des ersten Klagsanspruchs und verwahre die Beklagte gegen eine ihr etwa ungünstige Wirkung dieses Anerkenntnisses, zu dem der Intervenient als solcher gar nicht befugt war. Dieser Klagsanspruch ist schon an sich unbegründet, ganz abgesehen zunächst von dem jedenfalls besseren Rechte der Beklagten.

Zur Zeit der Erwirkung des amtsrichterlichen Zahlungsbefehls war die Forderung von achthundert Mark schon durch Verjährung erloschen. Daß weder der Schuldner Weber noch der Drittschuldner Dorner die Einrede der Verjährung geltend gemacht, noch das Gericht den Eintritt der letzteren von Amtswegen berücksichtigt hat, schließt die Berechtigung der Beklagten, sich darauf zu berufen, nicht aus, weil nun sie in der Rolle des Drittschuldners steht und diesem der Verzicht des Hauptschuldners auf Einreden nicht schaden kann. Der Klagsanspruch ist übrigens auch deshalb an sich nicht begründet, weil Pfändung und Überweisung der seinen Inhalt bildenden Forderung unwirksam sind. Das Amtsgericht hat nämlich in dem Pfändungsbeschlusse vom 20. August 1887 zwar „dem Drittschuldner Dorner verboten, an Johann Weber zu zahlen“, und „an letzteren das Gebot erlassen, sich jeder Verfügung über die Forderung zu enthalten“. Dagegen enthält der Pfändungsbeschluß weder die Aufforderung an den Drittschuldner, sich über den Bestand der Forderung zu erklären, noch die Anordnung, daß der Gegenstand der gepfändeten Forderung an einen vom Gläubiger zu beauftragenden Gerichtsvollzieher herauszugeben sei, er leidet sohin an dem Mangel wesentlicher gesetzlicher Erfordernisse. Der Beklagten ist er überhaupt nicht zugestellt worden.

Selbst wenn übrigens diese Bemängelungen des Klagsanspruchs nicht zutreffend wären, würde derselbe der Beklagten gegenüber deshalb nicht begründet sein, weil sie selbst ein Faustpfandrecht an dem Wertpapiere hat. Als der Theaterdirektor Dorner am 1. Mai 1887 die für den Monat April fällige Zahlung von fünfhundert Mark an Frau Steiner leistete, teilte er dieser mit, die Ausstattung einiger Neuigkeiten, die er in der kommenden Winterspielzeit zur Aufführung bringen wolle, werde ihm im Laufe der nächsten Monate besondere Auslagen veranlassen. Er bitte deshalb um die Erlaubnis, je nach Eintritt des Bedarfs die in den nächsten drei, höchstens vier Monaten fällig werdenden Zahlungen als Darlehen behalten zu dürfen, das er mit 5% verzinsen und zu Ostern des nächsten Jahres bezahlen werde. Frau Steiner war hiemit einverstanden unter der Voraussetzung, daß Dorner ihr für die so gestundeten Beträge neben den bisherigen Pfändern, an welchen sie sich selbstverständlich ihre Rechte vorbehalte, noch besondere Sicherheit leiste. Dorner versprach dies zu thun, soweit es ihm möglich sein werde, und händigte am folgenden Tage der Frau Steiner einer vierprozentige bayerische Staatsobligation über fünfhundert Mark ein, womit sich diese begnügte Von der ihm erteilten Erlaubnis Gebrauch machend, unterließ sodann Dorner die Zahlung der für die Monate Juni, Juli und August 1887 fälligen Beträge von insgesamt eintausendfünfhundert Mark. Die hieraus erwachsene Schuld Dorner's besteht noch jetzt, ebenso selbstverständlich das zur Sicherung derselben am 2. Mai 1887 bestellte Pfandrecht. Der eben geschilderte Vorgang — nur mit dem Unterschiede, daß eine besondere Sicherheitsleistung weder gefordert noch vollzogen wurde — wiederholte sich im folgenden Jahre hinsichtlich der für die Monate Mai, Juni und Juli fälligen Beträge; ich werde hierauf später zurückkommen. Das Pfandrecht der Beklagten geht hienach und zwar aus doppeltem Grunde: als ein mit dem Besitze des Pfandes verbundenes und als das ältere, dem vermeintlichen Pfändungspfandrechte des Klägers vor.

Nicht besser steht es um die weiteren Klagsansprüche. Schon der Vorredner hat die rechtliche Unwirksamkeit der ihre Grundlage bildenden Erklärung vom 1. April 1885 dargethan. Ich schließe mich seiner Auffassung an, bestreite übrigens die Rechtswirksamkeit der Erklärung auch noch aus anderen Gründen.

Schon vor dem 1. April 1885 war die Eigenschaft des Theaterinventars als Zugehörung des Gebäudes in das Hypothekenbuch eingetragen. Durch diesen Eintrag war dasselbe einerseits jeder weiteren Verfügung Dorner's entzogen; solche stund seitdem nur den als Eigentümer des Gebäudes im Hypothekenbuche eingetragenen Personen zu. Andererseits hatte dasselbe durch den Eintrag die Eigenschaft einer unbeweglichen Sache erhalten, es war Bestandteil des Gebäudes geworden. Dingliche Rechte an demselben konnten daher nur durch ein notariell beurkundetes Rechtsgeschäft und durch Eintrag im Hypothekenbuche zur Entstehung gelangen, und es konnte überhaupt nicht für sich allein, sondern nur zugleich mit dem Gebäude Gegenstand eines dinglichen Rechtes werden.

Was sodann die, wie es in dem Briefe vom 1. April 1885 heißt, „der Besitzerin des Theaters bestellte Kaution von zweitausend Mark" betrifft, so brauche ich nur darauf aufmerksam zu machen, daß sich die Kaution ja gar nicht in den Händen der Beklagten befindet, sondern bei der Kreditbank hinterlegt ist. Ich könnte hienach der Erklärung vom 1. April 1885 äußersten Falls nur die Bedeutung zuerkennen, daß sie eine bedingte Abtretung der dem Max Dorner gegen die genannte Bank zustehenden Forderung auf Zurückgabe der dort hinterlegten Papiere enthalte. Bedingt wäre die Abtretung einerseits dadurch, daß der Hauptschuldner Weber nicht selbst Zahlung leistet — (daß diese Bedingung erfüllt ist, will ich nicht bestreiten) —; andererseits dadurch, daß nicht die Beklagte, welche sich ihr Vorzugsrecht dem Kläger gegenüber am 2. April 1885 ausdrücklich vorbehalten hat, Anspruch auf die Kaution zu erheben hat und erhebt. Ist diese Auffassung richtig, so leuchtet ein, daß der Kläger — freilich erst wenn auch die zweite Bedingung erfüllt sein wird — höchstens gegen die Kreditbank, nimmermehr aber gegen die Beklagte mit einem Anspruche hervortreten kann. Wie ich schon erwähnt habe, schuldet der Theaterdirektor

Dorner der Beklagten dreitausend Mark an gestundeten in Darlehen umgewandelten Monatszahlungen nebst den vereinbarten 5%igen Zinsen. Hievon sind nur fünfhundert Mark durch das ihr von Dorner am 2. Mai 1887 bestellte Pfandrecht gesichert. Würde wider Erwarten der erste Klagsanspruch für begründet erachtet werden, so würde für den Umfang, in welchem die Beklagte berechtigt ist, von der in dem Vertrage vom 1. Juni 1880 durch die Bestellung der Kaution von zweitausend Mark und die Verpfändung des Inventars ihr eingeräumten Sicherheit Gebrauch zu machen, der volle Betrag von dreitausend Mark nebst den Zinsen in Betracht zu kommen haben. Solang also Dorner den Betrag von zweitausendfünfhundert Mark und, wenn der eben angedeutete Fall eintreten sollte, die weiteren fünfhundert Mark nebst den Zinsen an die Beklagte nicht bezahlt haben wird, sieht sich diese nicht veranlaßt, die sowohl auf grund des Vertrags als vermöge des Besitzes ihr zustehenden Rechte an der Kaution und dem Inventare aufzugeben und den Hinterlegungsschein der Kreditbank oder das Inventar an irgend jemand zu verabfolgen. Das Inventar ist, als das Theatergebäude zum Zwecke der Übergabe desselben an den Staat geräumt werden mußte, im Laufe der letzten Tage des vergangenen Jahres auf Anordnung der Beklagten und mit Zustimmung Dorner's in einem unter dem Verschlusse der ersteren stehenden Raume ihres Wohnhauses untergebracht worden.

Ich glaube hienach, den von mir gestellten Antrag mit gutem Grunde wiederholen zu können, kann mich übrigens nicht enthalten, zum Schlusse an den Vertreter des Klägers die Frage zu stellen, warum er denn nicht, wenn er glaubt, daß Max Dorner für die Schuld Weber's ihm haftet, ein vollstreckbares Urteil gegen den ersteren erwirkt und auf grund desselben dann zur Pfändung des Inventars und der Kautionspapiere schreitet.

Zur Entgegnung erhielt hierauf das Wort der Rechtsanwalt Bergmann. Dieser äußerte sich folgendermaßen:

„Das von dem Vertreter Dorner's erklärte Anerkenntnis

des die Kaution von fünfhundert Mark betreffenden Klags-anspruchs muß die Beklagte selbstverständlich auch gegen sich selbst gelten lassen, denn dasselbe bezieht sich auf Verhältnisse, welche ausschließlich der Rechtssphäre Dorner's angehören und seiner freien Disposition unterworfen sind, Da sie den Besitz des Wertpapieres von Max Dorner ableitet, kann sie — abgesehen von der Frage des ihr daran angeblich bestellten Faustpfandrechts, von dem ich später sprechen werde — doch nicht mehr Recht auf dasselbe haben als Dorner sich zuschreibt. Das Anerkenntnis des letzteren würde mich demnach eigentlich der Notwendigkeit überheben auf die Bemängelungen dieses Klagsanspruches weiter einzugehen. Nur zum Überflusse bemerke ich in dieser Beziehung folgendes: Die Behauptung, daß die Forderung des Klägers zu achthundert Mark durch Verjährung erloschen sei, ist unrichtig, denn durch die am 1. April 1885 erfolgte Bestellung eines Bürgen für dieselbe ist die Verjährung unterbrochen worden. Übrigens ist die Beklagte gar nicht befugt, die Einrede der Verjährung zu erheben, und das Gericht hätte sie nicht supplieren dürfen. Pfändungs- und Überweisungsbeschluß entsprechen allen gesetzlichen Erfordernissen; der Anordnung insbesondere, daß der Gegenstand der gepfändeten Forderung an einen Gerichtsvollzieher herauszugeben sei, bedurfte es nicht, weil es sich um Pfändung einer Geldforderung handelte. Zustellung des Gerichtsbeschlusses an die Beklagte war gleichfalls nicht erforderlich, weil der Kläger damals keine Kenntnis davon hatte, daß Dorner — rechtswidriger Weise — über das Eigentum des Weber zu seinem eigenen Vorteile verfügt hatte. Dazu kommt, daß der Gläubiger durch die Pfändung ein Pfandrecht an dem Gegenstande der Pfändung erwirbt, und daß die Eigenschaft der Dinglichkeit des Pfandrechts auch dann besteht, wenn nicht eine körperliche Sache, sondern ein Recht, eine Forderung gepfändet ist. Vermöge der Dinglichkeit aber kann der Gläubiger sein Recht gegen jeden verfolgen, der ihn durch Vorenthaltung des Gegenstandes der gepfändeten Forderung an der Ausübung seines Pfandrechts hindert.

Was übrigens, um dies sogleich jetzt zu erledigen, jene Verfügung Dorner's betrifft, so kann es nicht zweifelhaft sein, daß sie — wenigstens dem Kläger gegenüber — rechtsunwirksam ist. Eine Weiterverpfändung des Wertpapiers hätte nur mit Einwilligung des Eigentümers und ursprünglichen Verpfänders giltig erfolgen können. Dorner hatte an demselben nur ein Pfandrecht, er konnte daher äußersten Falls ein Pfandrecht am Pfandrecht bestellen. Auch hievon kann übrigens schon deshalb keine Rede sein, weil ein Pfandrecht nur in Verbindung mit der durch dasselbe gesicherten Forderung verpfändet werden kann, und bis jetzt nichts davon verlautet hat, daß Dorner etwa eine auf grund des Pachtvertrags vom 1. September 1880 ihm zustehende Forderung gegen Weber der Beklagten verpfändet habe.

Übrigens hat der Kläger, was ich hiemit eventuell geltend gemacht haben will, schon durch die von dem Restaurateur Weber bei dem Abschlusse des Bierlieferungsvertrags ihm gegenüber abgegebene Erklärung ein den Klagsanspruch begründendes Recht auf die von Weber dem Dorner bestellte Kaution erworben. Durch diese Erklärung hat Weber für den Fall, daß er seine Verbindlichkeiten gegen den Kläger nicht erfüllen würde, diesem seinen Anspruch gegen Dorner auf Rückgabe der Kaution abgetreten. Eine solche bedingte Abtretung einer Forderung ist aber gleichbedeutend mit Verpfändung derselben und hat alle rechtlichen Wirkungen der letzteren.

Daß Max Dorner für die Forderung des Klägers zu achthundert Mark als Gewerbsherr des Weber haftet, halte ich aufrecht. Zu dem in meinem ersten Vortrage hiefür geltend gemachten Grunde kommen noch weitere Gründe: Dorner hatte in dem Pachtvertrage vom 1. September 1880 den Pächter Weber verpflichtet, das ihm nötige Bier ausschließlich vom Kläger zu beziehen; Dorner war an dem Gewinne aus dem Betriebe der Schankwirtschaft unmittelbar beteiligt, da er außer dem Pachtgeld eine nach dem Umfange des Bierausschanks sich bemessende Abgabe bezog; Dorner war es endlich, der die Gewerbsteuer von dem in den Restaurationsräumen des Theaters stattfindenden Betriebe der Speise-, Wein- und Bierwirtschaft bezahlte.

Noch weniger war angesichts des Inhalts der von Dorner am 1. April 1885 dem Kläger brieflich abgegebenen Erklärung zu erwarten, daß der Anwalt des ersteren dessen persönliche Haftung für die Gesamtschuld Weber's an den Kläger in Abrede stellen werde. Da es nun gleichwohl geschehen ist, sieht sich der Kläger genötigt, durch Erweiterung des Klagsantrags die Feststellung dieses Rechtsverhältnisses und zwar sowohl in der Richtung gegen die Beklagte als insbesondere auch in der Richtung gegen den Theaterdirektor Dorner zu beantragen. Ich stelle demgemäß folgenden weiteren Antrag:

„Das Gericht wolle feststellen, daß für die Schuld des Restaurateurs Johann Weber an den Bierbrauereibesitzer Georg Braun im Betrage von zweitausendachthundert Mark nebst 5% Zinsen aus 800 Mark vom 1. Januar 1884 an und 4% Zinsen aus 2000 Mark vom 1. Oktober 1887 an der Theaterdirektor Max Dorner persönlich hafte"

Rechtsanwalt Bergmann übergab schriftliche Fertigung dieses Antrags dem Vorsitzenden und fuhr sodann fort:

„Von Anfang an den Weg der Klage gegen Dorner zu betreten, war der Kläger nicht veranlaßt, da, wie bemerkt, nicht zu erwarten war, daß dessen Haftung bestritten werden würde. Die Pfändung der Kaution und des Inventars zu erwirken, ist ebenso unnötig als — insbesondere hinsichtlich des letzteren — vom Standpunkte des Klägers unzweckmäßig. Inhaberpapiere, die einen Börsenpreis haben, können ja bekanntlich auch durch einen Handelsmäkler zum Verkaufe gebracht werden, und bei dem Theaterinventar würde, wie es bei derartigen, mehr oder weniger abgenützten Dingen in der Regel zu gehen pflegt, eine öffentliche Versteigerung voraussichtlich nur zur Verschleuderung führen, während der Kläger

Gelegenheit hätte, dasselbe an einen ihm bekannten Kauflustigen um einen sehr anständigen Preis zu veräußern.

Die in den Jahren 1887 und 1888 von der Beklagten mit Dorner getroffenen Vereinbarungen können auf keinen Fall die Rechte beeinträchtigen, welche Kläger schon im April 1885 erworben hat. Es stand ihr frei, die Zahlungen, welche Dorner ihr rechtzeitig hätte leisten können, ihm als Darlehen zu belassen; aber für diese Darlehen kann sie ein Vorzugsrecht an dem Inventare und der Kaution nicht beanspruchen, weil Dorner sich durch die Erklärung vom 1. April 1885 dem Kläger gegenüber gebunden hat, diese Gegenstände von Ansprüchen der Beklagten frei zu erhalten, und sie selbst dem Kläger damals ihre Mitwirkung zur Verwirklichung der ihm an der Kaution eingeräumten Rechte zugesagt hat.

Richtig ist, daß die Beklagte nicht die Kautionspapiere zu zweitausend Mark selbst, sondern nur den Hinterlegungsschein besitzt. Als Besitzerin des letzteren ist sie aber in der Lage, die Papiere jeden Augenblick bei der Bank zu erheben. Der Kläger begnügt sich übrigens eventuell damit, daß die Beklagte zur Herausgabe des Hinterlegungsscheines verurteilt wird. Ich ergänze deshalb meinen Klageantrag Ziffer 3 dadurch, daß ich demselben nach dem Worte „Kaution" die Worte „eventuell den diese Wertpapiere betr ffenden Hinterlegungsschein der hiesigen Kreditbank vom 30. September 1880" beifüge".

Rechtsanwalt Bergmann übergab schriftliche Fertigung dieser Antragsergänzung dem Vorsitzenden und fuhr sodann weiter fort:

„Daß das Inventar als Zugehörung des Theatergebäudes in das Hypothekenbuch eingetragen ist, ist ohne Belang. Der Eintrag besteht zwar noch, aber er ist sachlich bedeutungslos, weil das Inventar von der Enteignung ausdrücklich ausgenommen war, die einzige auf dem Anwesen bestellt gewesene Hypothek aus der vom Staate geleisteten Entschädigung bezahlt und gelöscht ist, das Theatergebäude endlich nicht mehr besteht, sohin auch keine Zugehörung mehr haben kann. Übrigens ist ja die Beklagte vertragsmäßig verpflichtet, die Löschung des Eintrags herbeizuführen.

Die Bestimmung in Art. 14 des Notariatsgesetzes, auf welche der Vertreter der Beklagten wohl Bezug hat nehmen wollen, steht sohin dem Anspruche des Klägers auf das Inventar nicht im Wege, wohl aber dem vermeintlich besseren Rechte der Beklagten. Abgesehen davon, daß das Recht der Nutznießung als persönliche Dienstbarkeit unveräußerlich ist, ist der am 1. Juni 1880 zwischen Emma Steiner und Max Dorner abgeschlossene Vertrag auch deshalb nichtig, weil unter Nichtachtung der eben angeführten Bestimmung eine Notariatsurkunde über denselben nicht errichtet worden ist. Selbstverständlich kann es mir nicht in den Sinn kommen, behaupten zu wollen, daß Emma Steiner nicht gleichwohl berechtigt gewesen ist, dafür, daß Dorner das Theatergebäude zur Ausübung seines auf Erwerb gerichteten Berufes benützte, sich eine angemessene Entschädigung von demselben bezahlen zu lassen. Aber aus jenem Vertrage als solchen konnte und kann sie einen Anspruch gegen Dorner wegen der Nichtigkeit desselben nicht ableiten. Nichtig ist daher auch die in demselben bedungene Kautionsleistung und Pfandbestellung. Aus dem gleichen Grunde ist die noch bestehende Schuld Dorner's keine Schuld aus dem Vertrage, und das Bestehen dieser Schuld kann der Beklagten nicht das Recht geben, Inventar und Kaution zurückzubehalten, weil sie nur durch ein nichtiges Rechtsgeschäft, sohin ohne Rechtsgrund in deren Besitz gelangt ist".

Zur Äußerung über die neuen Klagsanträge und zu einer etwa auf vordem noch beabsichtigten Schlußäußerung erteilte hierauf der Vorsitzende das Wort dem Rechtsanwalte Winter. Dieser erklärte:

„Sowohl die Ergänzung des Klageantrags Ziffer 3 als die Erweiterung des Klageantrags durch Erhebung einer Zustellungsklage sind unstatthafte Klageänderungen. Sachlich geben sie mir zu einer weiteren Entgegnung keinen Anlaß, da sie aus den von mir gegen die ursprünglichen Klageanträge geltend gemachten Gründen gleichfalls unbegründet sind. Im übrigen hat sich der Vorredner auf Rechtsausführungen beschränkt, die ich samt und sonders für unzutreffend halte. Ihre Würdigung kann ich ruhig dem Gerichte überlassen. Nur ein paar kurze Bemerkungen will ich noch beifügen:

Unterbrechung der Verjährung wirkt nicht gegen den Drittschuldner, dessen Stellung rechtlich der des Bürgen gleichkommt. War der Anspruch Weber's auf Rückgabe seiner Kaution von fünfhundert Mark schon bei dem Abschiede des Bierlieferungsvertrages an den Kläger abgetreten, so konnte er als eine nun ihm selbst zustehende Forderung nicht mehr Gegenstand einer gegen Weber erwirkten Pfändung sein. Die Wirkung einer Verpfändung aber konnte diese Abtretung deshalb nicht haben, weil zur Entstehung des Pfandrechts an einer Forderung nach ausdrücklicher gesetzlicher Vorschrift erforderlich ist, daß der Drittschuldner von der Verpfändung benachrichtigt ist, und nicht behauptet werden konnte, daß letzteres dem Drittschuldner Dorner gegenüber geschehen sei.

Den Mangel der Einwilligung Weber's zu der von Dorner vorgenommenen Weiterverpfändung des Wertpapiers zu rügen, ist der Kläger nicht berechtigt. Übrigens hat die Beklagte erst durch eine kurz vor der Erhebung der Klage ihr zugegangene Zuschrift des klägerischen Anwalts davon Kenntnis erhalten, daß die Obligation Eigentum des verstorbenen Restaurateurs Weber war. Sie befand sich also — und das allein ist entscheidend — zur Zeit der Erwerbung des Pfandrechts in gutem Glauben an das Eigentum des Verpfänders Dorner".

Auf die von dem Vorsitzenden an den Rechtsanwalt Dr. Kurz gerichtete Frage, ob er noch zu einer Bemerkung sich veranlaßt sehe, erklärte derselbe:

„Auch ich bestreite die Zulässigkeit der vom Kläger erhobenen Feststellungsklage, insbesondere insoweit sie gegen die von mir vertretene Partei gerichtet ist. Hinsichtlich ihrer sachlichen Unhaltbarkeit nehme ich lediglich auf meine frühere Darlegung Bezug".

Auf weitere Frage des Vorsitzenden erklärten schließlich die drei Rechtsanwälte, daß darüber, was zu dem einen der Gegenstände des Rechtsstreits bildenden Inventar gehöre, die sämtlichen Beteiligten einig seien, und daß sie im übrigen ihren Ausführungen weder in thatsächlicher noch in rechtlicher Beziehung etwas beifügen könnten und wollten.

Der Vorsitzende erklärte hierauf die Verhandlung für geschlossen und beraumte zur Verkündung der Entscheidung Termin auf den 7. Dezember nachmittags fünf Uhr an.

Das Sitzungsprotokoll wurde den Anwälten zur Durchsicht vorgelegt und von denselben genehmigt.

I. Probe-Aufgabe aus dem Staatsrechte des deutschen Reiches und des Königreichs Bayern. 1889.

1. Der Privatier N, heimatberechtigt und wohnhaft in München, verehelichte sich im vorigen Jahre zu Paris, dem Domizil seiner Braut, unter Beobachtung der dort für die Eheschließung vorgeschriebenen Förmlichkeiten. Das distriktspolizeiliche Verehelichungszeugnis wurde erst später erholt, als N sich in München auch kirchlich trauen lassen wollte. Die Trauung wurde jedoch von dem zuständigen Pfarrer unter Berufung auf § 67 des Gesetzes vom 6. Februar 1875, die Beurkundung des Personenstandes und die Eheschließung betr., verweigert, weil die Ehe weder vor dem zuständigen deutschen Standesbeamten noch auf schriftliche Ermächtigung desselben geschlossen, die Eheschließung auch wegen Mangels des Verehelichungszeugnisses von Anfang an ungiltig gewesen sei.

Hierauf wendete sich N an den Standesbeamten von München mit dem Ersuchen um Vornahme des Eheschließungsaktes, eventuell um nachträgliche Ermächtigung des Pariser Standesbeamten zu der von diesem vollzogenen Eheschließung.

Der Standesbeamte lehnte jedoch Beides als gesetzlich unstatthaft und unnötig ab.

Es ist motiviertes Gutachten darüber abzugeben, was in

dieser Sache Rechtens ist und wie Privatier N zu seinem Ziele gelangen kann.

2. Durch die Reichsgesetzgebung ist das staatsrechtliche Verhältnis Elsaß Lothringen's zum Reiche der Stellung der Bundesstaaten zum Reiche sehr nahe gebracht worden.

1. Welches sind die noch verbliebenen wesentlichen Unterschiede?
2. Können dieselben auf dem gewöhnlichen Gesetzgebungswege beseitigt werden oder kommt hiebei auch der erste oder zweite Absatz des Art. 78 der Reichsverfassung in Betracht?

II. Probe-Aufgabe aus dem Staatsrechte des deutschen Reiches und des Königreichs Bayern. 1889.

1. Welche Fälle sind bei Würdigung von Gesuchen um Verleihung des bayerischen Indigenats in Bezug auf die Erfordernisse der Niederlassung, des Heimaterwerbs und der Entlassung aus dem bisherigen Staatsverbande zu unterscheiden?

2. In welchen Beziehungen ist die gesetzliche Wehrpflicht seit Erlaß des Gesetzes vom 9. November 1867, betr. die Verpflichtung zum Kriegsdienste, erweitert worden?

Probe-Aufgabe aus dem katholischen Kirchenrechte. 1889.

1. Franz Klein, Sohn eines wohlhabenden Ökonomen in Forbach, Regierungsbezirks N, hatte im Jahre 1858 nach Vollendung seiner Gymnasialstudien heimlich seine Familie und die Heimat verlassen, war in ein ausländisches Jesuitenkollegium in X eingetreten und dort nach seiner völligen Ausbildung zum Priester geweiht worden.

Im Jahre 1868 kehrte er ebenfalls heimlich, aber mit Wissen seiner Ordensobern auf kurze Zeit nach Forbach zurück und söhnte sich mit seiner Familie aus, so daß sein Vater, der Ökonom Klein, ihm als Erbteil von der inzwischen verstorbenen Mutter 7000 fl. auswies, dieses Kapital auf dem Ökonomieanwesen hypothekarisch sicherstellte und seither die Zinsen für den Sohn Franz, der als Jesuitenpater den Namen Norbert führte, regelmäßig an das Kloster in X übersandte.

Kürzlich starb Ökonom Klein, der zweite Sohn Thomas übernahm das Anwesen und schrieb an seinen Bruder Franz — den P. Norbert in X — unter Darlegung der nicht sehr günstigen Vermögenslage, er wünsche zur Verbesserung der Ökonomie ein größeres Anlehen aufzunehmen, wolle deshalb die Hypothek für Franz bereinigen und sei zu diesem Behufe bereit, 7000 fl. oder 12000 Mark herauszuzahlen, wenn Franz sich damit begnüge und die Hypothek löschen lasse.

Als Antwort kam ein Brief des Ordens-Provinzials in X, welcher unter Beilage der erforderlichen Dokumente nachwies, daß auch P. Norbert oder Franz Klein in X wenige Tage nach dem Ableben seines Vaters verschieden sei, aber schon vor vielen Jahren unmittelbar vor Ablegung der feierlichen Gelübde alle seine Ansprüche auf das elterliche Vermögen dem jeweiligen Ordens-Provinzial in X behufs der Zuwendung an den Jesuitenorden durch legale Urkunde übertragen habe. Er wolle sich aber gleichwohl mit 12000 Mk. begnügen und werde Sorge tragen, daß nach erfolgter Zahlung die fragliche Hypothek gelöscht werde.

Als sich nun Thomas Klein zur weiteren Bereinigung der Sache an den Notar in X wendete, machte ihn dieser darauf aufmerksam, daß zu diesem Geschäfte auch die Zustimmung der Staatsregierung notwendig sei, und machte hienach im Auftrage des Thomas Klein eine Eingabe an die zuständige Kreisregierung, in welcher er bat, die Regierung möge die erforderliche Erlaubnis erteilen oder erwirken.

Was hat die Kreisregierung zu thun?

2. Der auf den Landesherrlichen Tischtitel geweihte Priester Venanz Oberhuber war, da er als Pfarrer auf der Patronatspfarrei Bibach sich dem Trunke ergab und seine Pflichten vernachlässigte, auf Beschwerde des Privatpatrons und der Pfarrgemeinde durch Ordinariats-Erkenntnis von der

Pfarrei Bibach entsetzt und auf mehrere Monate in ein Priesterhaus verwiesen worden. Da er dort eine gute Aufführung pflog, wurde er später wieder an verschiedenen Orten als Hilfspriester verwendet, verfiel aber bald wieder in den alten Fehler und sank trotz vieler Mahnungen schließlich soweit, daß ihn das Ordinariat nicht nur außer Verwendung setzte, sondern auch mit der totalen Suspension belegte, weil er zu öffentlichen Ärgernissen Anlaß gab.

Oberhuber versuchte nun von seiner Heimatsgemeinde Unterstützung zu erlangen, wurde aber dort als arbeits- und erwerbsfähig abgewiesen, brachte sich dann einige Zeit kümmerlich als Schreiber fort und richtete endlich eine Vorstellung an die zuständige Kreisregierung, in welcher er Folgendes ausführte: Durch die Verfügungen des bischöflichen Ordinariates sei ihm die Möglichkeit standesgemäßen Erwerbes und Verdienstes abgeschnitten, von ihm als Priester könne man nicht verlangen, daß er sich durch Straßenkehren oder Steinklopfen fortbringe, er sei übrigens durch Hunger und Elend so herabgekommen, daß er körperliche Arbeit nicht mehr leisten könne, infolge seiner schlechten Augen könne er nicht einmal mehr durch Abschreiben etwas verdienen. ihn als Priester könne man weder in das Armenhaus stecken noch verhungern lassen, die Kreisregierung habe die Pflicht, dafür zu sorgen, daß ihm entweder das Ordinariat oder der Patron der Pfarrei Bibach oder endlich der Staat den nötigen Unterhalt gewähre.

Was wird die Kreisregierung thun?

In beiden Fällen ist die Entscheidung näher zu motivieren.

Probe-Aufgabe
aus dem protestantischen Kirchenrechte. 1889.

1. Mit Allerhöchstem Reskripte vom 15. April 1812 wurden die Protestanten von A aus der dortigen katholischen Pfarrei in die protestantische Pfarrei N eingepfarrt und zugleich ausgesprochen, daß im Falle der Gutsbesitzer von A

und die dortigen Protestanten einen besonderen Gottesdienst in der Schloßkapelle zu A durch den Pfarrer von N gehalten zu sehen wünschen, dieselben darüber mit dem Pfarramte eine besondere Übereinkunft zu treffen hätten.

Durch Allerhöchstes Reskript vom 13. Februar 1813 wurde sodann die zwischen dem Pfarramte N und den protestantischen Einwohnern von A getroffene Übereinkunft genehmigt, nach welcher der jeweilige Pfarrer zu N an jedem 3. Sonntage des Jahres in der zu widerruflicher Benützung überlassenen Schloßkapelle zu A Gottesdienst gegen ein festgesetztes Honorar abzuhalten hat.

Im Laufe der Zeit hat sich infolge dieses Verhältnisses durch verschiedene Zuwendungen von Protestanten in A für protestantisch kirchliche Zwecke daselbst und aus Klingelbeuteleinlagen ein Vermögen gebildet. Aus demselben wurden den Bestimmungen der Geber gemäß einzelne zur Abhaltung des Gottesdienstes und zur Spendung der Sakramente bestimmte Gegenstände erworben und ein besonderer Fond zur teilweisen Bestreitung der Kosten für die Abhaltung der Gottesdienste in A gebildet.

Über die Vermögensverwaltung, welche der protestantische Pfarrer von N und ein Pfleger aus der Zahl der Protestanten von A übernahm, wurde jährlich Rechnung gestellt. Letztere wurde stets von der jeweils zuständigen Kuratelbehörde revidiert und beschieden.

Von mehreren Protestanten in A wurden gegen die letztgestellte Rechnung Erinnerungen erhoben und es wurde insbesondere darüber Beschwerde geführt, daß die Verwaltung nicht in legaler Weise zusammengesetzt sei.

Das K. Bezirksamt faßte Beschluß dahin, daß die Protestanten von A durch die mit Allerhöchstem Reskripte vom 15. April 1812 verfügte Einpfarrung in die Pfarrei N weder in ein Filialkirchenverhältnis, noch in ein privatrechtliches Verhältnis zur Pfarrei N gesetzt worden seien. Daraus folge, daß sie auch kein eigenes kirchliches Vermögen erwerben und besitzen können, daß vielmehr alles, was an Geldeswert für kirchliche Zwecke in ihren Besitz gekommen sei, Eigentum der protestantischen Kirchenstiftung N sei und der für diese bestehenden Kirchenverwaltung unterstehe. Es sei deshalb das seither als Vermögen der Filialkirchengemeinde A verwaltete Vermögen an die Kirchenverwaltung N zu extradieren und seien für die Zukunft die Protestanten in A als unter der Kirchenverwaltung N stehend zu behandeln.

Hiegegen ergriffen die sämtlichen dermalen zu A wohnenden Protestanten Beschwerde zur K. Regierung, weil sie in dem bezirksamtlichen Beschlusse einen Eingriff in ihre Privatrechte sowohl als in die Rechte der Filialkirchengemeinde A erblicken müßten. Sie könnten weder der Kirchenverwaltung N das Recht der Verwaltung ihres zu kirchlichen Zwecken bestimmten Vermögens, noch der Kirchenstiftung daselbst Eigentumsrechte an demselben zuerkennen. Einer näheren Begründung ihrer Beschwerde könnten sie sich enthalten, da sie von der Oberkuratelbehörde wie dem K. Konsistorium mit Zuversicht erwarten könnten, daß sie in ihren Rechten geschützt würden.

Aufgabe: Es ist die motivierte Entschließung der Kreisregierung zu entwerfen, welche auch etwa erforderliche Anordnungen an das Bezirksamt zu enthalten hat.

2. Die Wahl zur protestantischen Kirchenverwaltung Z wurde von den Kirchengemeindemitgliedern Y und Genossen angefochten, weil

1) mehrere Wahlzettel durch den Wirt A in Z, in dessen Gastlokal die Wahl vorgenommen wurde, Namens wahlberechtigter Kirchengemeindemitglieder an die Wahlkommission übergeben, von dieser angenommen und auf den Namen der betreffenden Wahlberechtigten in die Stimmliste eingetragen wurden, obwohl diese Wahlberechtigten teilweise zwar im Hause, in welchem die Wahl stattfand, nicht aber im Wahllokale selbst, teilweise nicht einmal in Z anwesend waren,

2) der nicht wahlberechtigte B zur Stimmabgabe zugelassen worden sei,

3) der primo loco gewählte Wirt A zugestandenermaßen sich selbst gewählt habe.

Es wurde behauptet, daß durch diese Vorgänge wesentliche Förmlichkeiten verletzt worden seien, welche die Nichtigkeit der vorgenommenen Handlung zur Folge haben und an das Bezirksamt der Antrag auf Annullierung der Wahl gestellt.

Die vom Bezirksamt gepflogenen Erhebungen ergaben, daß

a) Bei der Hauptwahl von 115 Wählern

1) 62 Wahlzettel und unter diesen sub Nr. 53 der Stimmliste durch den Wirt A der Wahlzettel des D, sub Nr. 60 der Wahlzettel des E und sub Nr. 61 der Wahlzettel des Wirts A dem Wahlausschuß übergeben und von letzterem angenommen worden war,

2) daß D zwar in Z und im Hause, in welchem die Wahl stattfand, nicht aber im Wahlzimmer und

3) E nicht einmal in Z anwesend war, sondern einen Bekannten, der ebenfalls wahlstimmberechtigt war und wählte, ersucht hatte, anstatt seiner zu wählen, was dieser auch that und was die Übergabe dieses Wahlzettels an Wirt A und durch diesen an den Wahlausschuß zur Folge hatte,

4) daß B nicht wahlberechtigt ist, gleichwohl zur Wahl zugelassen wurde,

5) daß Wirt A seine Selbstwahl zugab,

6) daß bei der Wahl der Wirt A mit 38 und F mit 32 Stimmen in die Kirchenverwaltung gewählt wurden und

7) daß der Nächste nach diesen beiden 22 Stimmen erhielt.

b) Daß bei der Wahl des Ersatzmannes von 115 Wählern

1) 60 Wahlzettel und von letzteren sub Nr. 47 der Stimmliste der Wahlzettel des D, sub Nr. 48 jener des G und sub Nr. 49 jener des Wirtes A, sämtliche 3 Wahlzettel durch letzteren übergeben worden, sowie daß D und G im Hause, nicht aber im Wahlzimmer anwesend waren,

2) daß H mit 32 Stimmen zum Ersatzmann gewählt wurde und der Nächste nach ihm 15 Stimmen erhielt.

Aufgabe: Es ist der Beschluß des Bezirksamts unter Würdigung der einzelnen festgestellten Thatsachen zu entwerfen.

3. Die protestantische Kirchenverwaltung A beschloß unterm 2. Dezember 1888, die Kosten, welche für die Anfertigung eines Wirtschaftsplanes für die im Eigentum der Pfarrstiftung A stehenden Waldungen erwachsen waren, aus Mitteln der dortigen Kirchenstiftung zu bestreiten, und stellte an das Bezirksamt die Bitte, diesen Beschluß kuratelamtlich zu genehmigen.

Letzteres erließ unterm 6. Dezember 1888 an die Kirchenverwaltung A Entschließung dahin, daß die Übernahme der fraglichen Kosten auf die Kirchenstiftung von Kuratelwegen nicht genehmigt werde, nachdem eine rechtliche Verpflichtung der letzteren hiezu nicht bestehe und die von der Kirchenverwaltung erwiesene mehrmalige Bestreitung von Ausgaben für Pfarrstiftungsgrundstücke seitens der Kirchenstiftung, wie von der Kirchenverwaltung selbst zugestanden werde, sich als eine freiwillige Leistung darstelle, eine solche aber für die nächste Zeit nicht gestattet werden könne, weil die Kirchenstiftung A ihre Mittel zur Deckung unmittelbar bevorstehender nicht unbedeutender Bauausgaben selbst bedürfe.

Hiegegen wurde vom Vorstande der Kirchenverwaltung A am 24. Dezember 1888 Beschwerde zur K. Regierung ergriffen, auf eine Bescheidung derselben jedoch seitens der Kirchenverwaltung mit Beschluß vom 21. März 1889 mit der Begründung verzichtet, daß das Pfarramt A selbst die Angelegenheit weiter verfolgen werde.

Das protestantische Pfarramt A hatte sich auch bereits am 2. März 1889 an das Bezirksamt mit der Bitte gewendet, den Beschluß vom 6. Dezember 1888 zurückzunehmen und die Übernahme der Kosten für den Wirtschaftsplan durch die Kirchenstiftung nicht weiter zu beanstanden.

Das Bezirksamt beschränkte sich in seiner Entschließung vom 24. März 1889 darauf, dem protestantischen Pfarramt A zu eröffnen, daß es bei der Verfügung vom 6. Dezember 1888 zu verbleiben habe.

Gegen diese Verfügung erhob der Pfarrer von A Namens seiner Person, Namens des protestantischen Pfarramts A und als Vorstand der Kirchenverwaltung daselbst am 30. März 1889 Beschwerde zur K. Regierung mit der Begründung, daß die Kirchenverwaltung A gegen die Übernahme der fraglichen Kosten auf die Kirchenstiftung an sich nichts zu erinnern, auch früher freiwillig derartige Kosten bestritten habe und eine Kuratelgenehmigung zu dem Beschlusse der Kirchenverwaltung vom 2. Dezember 1888 überhaupt nicht erforderlich gewesen sei.

Hienach wird gebeten:

„Die K. Regierung wolle unter Abänderung der bezirksamtlichen Verfügung vom 24. März 1889 aussprechen, daß die Ausgaben für Anfertigung des fraglichen Wirtschaftsplanes nicht durch die Pfarrstiftung A, sondern vielmehr durch die Kirchenstiftung daselbst zu bestreiten seien".

Aufgabe: Es ist die motivierte Entschließung der K. Regierung zu entwerfen.

Probe-Aufgabe aus der Polizeiwissenschaft. 1889.

1. Welche Bestimmungen gelten in Bezug auf den Arbeitsvertragsbruch landwirtschaftlicher und gewerblicher Arbeiter in Bayern?

Ist eine Abänderung dieser Bestimmungen wünschenswert? Warum oder warum nicht?

Welche Stellung ist insbesondere zu der Frage über die Strafbarkeit des Vertragsbruchs der gedachten Arbeiter einzunehmen?

2. Was versteht man unter den sogenannten Warenabzahlungsgeschäften? Sind dieselben wirtschaftlich schädlich und warum?

Ist es angezeigt, besondere Maßnahmen gegen dieselben zu ergreifen, und wenn ja, welche?

Probe-Aufgabe aus dem Polizeirecht. 1889.

1. Der Magistrat der bayerischen unmittelbaren Stadt N beabsichtigt, im Vollzuge des Gesetzes vom 26. Februar 1850 „die Versammlungen und Vereine betr.“, für die zu Versammlungen abgeordneten — in der Regel dem nicht juristisch gebildeten Personale entnommenen — Polizeibeamten eine Instruktion zu erlassen, worin diese Beamten auf die einzelnen gesetzlichen Vorschriften, welche bei Erfüllung ihrer Aufgabe in Betracht kommen können, aufmerksam gemacht und denselben Anweisungen für ihr Verhalten in den verschiedenen Fällen, welche möglicherweise sich ergeben, erteilt werden sollen.

Diese Instruktion ist zu entwerfen.

2. In der unmittelbaren Stadt A erhielt vor 20 Jahren Fabrikant X die Erlaubnis zur Anlage einer Knochenmehlfabrik auf einem allseitig 1 km von Wohnstätten entfernten Platze.

Infolge raschen Wachstums der Stadt kam die Fabrik allmählig in einen bebauten Stadtteil zu liegen. Auf Beschwerde der Anwohner wurde durch amtsärztliches Gutachten festgestellt, daß der Betrieb der Fabrik erhebliche Belästigungen und Gesundheitsgefährdungen für den ganzen Stadtteil mit sich bringe. Einrichtungen zur Beseitigung dieser Nachteile lassen sich ohne Beeinträchtigung des Fabrikbetriebes nicht anbringen.

Kann der Besitzer der Anlage ohne oder gegen Entschädigung gezwungen werden, den Fabrikbetrieb einzustellen? Wer hätte gegebenen Falles über die Betriebseinstellung und Entschädigung zu entscheiden und in welchem Verfahren?

I. Probe-Aufgabe aus der Volkswirtschaft. 1889.

1. Welche Arten von landwirtschaftlichen Genossenschaften kommen in Bayern vor?

Ist die Ausdehnung des landwirtschaftlichen Genossenschaftswesens auch auf andere als die bisher verfolgten Zwecke möglich und wünschenswert?

Wie kann die Entwicklung des landwirtschaftlichen Genossenschaftswesens gefördert werden?

2. Welche Organe bestehen in Bayern zur Förderung und Vertretung der Interessen der Landwirtschaft, des Handels, der Industrie und der Gewerbe, dann des Verkehrs?

Welche Aufgaben liegen diesen Organen ob und in welchem Verhältniße stehen dieselben zur Staatsverwaltung?

II. Probe-Aufgabe
aus der Volkswirtschaft. 1889.

1. Welchen Einfluß hat die Entwicklung des modernen Verkehrs auf die Landwirtschaft geäußert?

Welche Maßnahmen wurden ergriffen, um die Stellung der inländischen Landwirtschaft gegenüber der Konkurrenz des Auslandes zu erleichtern?

Welche sonstigen Maßnahmen werden zu diesem Zwecke in Vorschlag gebracht und was ist von denselben zu halten?

2. Welche gesetzliche Bestimmungen bestehen zur Zeit in Bayern zum Schutze der gewerblichen und Fabrik-Arbeiter in Bezug auf Leben und Gesundheit?

Welche weiteren Schutzvorschriften werden angestrebt?

Welche Bestrebungen in dieser Richtung sind berechtigt und welche Bestimmungen wären hienach weiter veranlaßt?

I. Probe-Aufgabe
aus der Staatsfinanzwirtschaft.

In welcher Weise ist das Recht der Banknotenausgabe im Deutschen Reiche gesetzlich geregelt und wenn und unter welchen Beschränkungen steht dermalen in Bayern das Recht der Notenausgabe zu?

Welche rechtliche Bedeutung haben die zur Ausgabe gelangenden Banknoten?

Welche Gründe sprechen im Allgemeinen für oder gegen die Errichtung von Staatsnotenbanken neben oder mit Ausschluß von Privatnotenbanken?

II. Probe-Aufgabe aus der Staatsfinanzwirtschaft.

Was versteht man unter einer Wehrsteuer?

In welcher Weise war eine solche Steuer in Bayern zur Einführung gelangt?

Könnte eine Wehrsteuer dermalen noch als bayerische Landessteuer in Betracht kommen? Welche Gründe sprechen für oder gegen die Einführung einer Wehrsteuer als Reichssteuer?

Praktische Aufgabe aus dem Bereiche der inneren Verwaltung.

(Für die Kandidaten des rechtsrheinischen Bayerns). 1889.

1. Die Landgemeinde Forst, K. Bezirksamts N in Mittelfranken, besteht aus den Ortschaften Forst und Brand.

Die Ortschaft Brand besitzt ein eigenes Ortsvermögen, bestehend in einem Grundbesitz von 65 ha, teils Waldung, teils Ackerland und Ödungen.

Im Dezember 1888 reichten 15 Gemeindebürger von Brand, Xaver Huber und Genossen, bei dem Bürgermeister Reichart zu Forst einen schriftlichen Antrag ein, dahin gehend, es wollen die der Ortsgemeinde Brand gehörigen Ödungen Pl.-Nr. 75 und 76 zu 10,030 ha und 3,080 ha unter die 30 Nutzungsberechtigten nach Verhältnis ihres Gemeinderechtsbesitzes eigentümlich verteilt und zur Beschlußfassung hierüber Gemeindeversammlung anberaumt werden.

Der aus 4 Mitgliedern bestehende Ortsausschuß (Art. 153 Abs. 4 der diesrheinischen Gemeindeordnung) trat hierüber unter dem Vorsitze des Bürgermeisters in Beratung und beschloß mit 2 Stimmen gegen 1 Stimme (1 Mitglied war entschuldigt weggeblieben, und der Bürgermeister nahm an der

Abstimmung nicht teil), die Ortsgemeindeversammlung zu berufen und derselben die Annahme des gestellten Antrages zu empfehlen.

In der ordnungsmäßig berufenen Ortsgemeinde-Versammlung vom 15. Januar 1889 erstattete der Bürgermeister Vortrag, worauf nach längerer Besprechung mittelst schriftlicher Abstimmung beschlossen wurde:

„Die Gemeindegründe Pl.-Nr. 75 und 76 werden unter die 30 Gemeinderechtsbesitzer (Hs.-Nr. 1—30) und die 7 Leerhausbesitzer (Hs.-Nr. 31—37) eigentümlich verteilt, so zwar, daß die Besitzer von zwei Gemeinderechten (Hs.-Nr. 1—5) je 2 Teile, die Besitzer eines Gemeinderechts (Hs.-Nr. 6—20) je 1, die Besitzer von einem halben Gemeinderecht (Hs.-Nr. 21—30) je 1/2, endlich die Leerhausbesitzer (Hs.-Nr. 31—37) je 1/7 nach dem Lose zugewiesen erhalten. Die Schule und die Pfarrei sollen keinen Teil erhalten. Auf die zur Verteilung bestimmte Fläche wird zu Gunsten der Ortsgemeindekasse ein im 25fachen Betrage ablösbarer Grundzins von 217 Mk. gelegt und auf die einzelnen Teile verhältnismäßig verteilt".

Am Schlusse des über die Verhandlung aufgenommenen Protokolles findet sich folgende Bemerkung:

„Die Zahl der in Brand wohnhaften Gemeindebürger beträgt: 37, 3/4 hievon: 28.

An der Abstimmung haben sich beteiligt: 35. Für die Teilung haben gestimmt: 28.

An Grundsteuer wird für die innerhalb der Ortsmarkung gelegenen Realitäten entrichtet:

von den 37 Ortsbürgern	650 ℳ
von den übrigen Heimatberechtigten der Gemeinde Forst	157 ℳ
Summa:	807 ℳ
Die Hälfte davon	403 ℳ 50 ₰
Die 28 Ortsbürger, welche für die Teilung gestimmt haben, entrichten an Grundsteuer innerhalb der Ortsmarkung .	450 ℳ

2. Nach dem Sprichworte: „Der Appetit wächst beim Essen“ — wurde unter einem Teile der Ortsbürger von Brand alsbald nach dem Teilungsbeschlusse vom 15. Januar 1889 das Verlangen rege, noch ein weiteres Stück Gemeindeland zur Verteilung zu bringen. Infolge dessen wendeten sich die obengenannten 15 Gemeindebürger von Brand in einer schriftlichen Eingabe vom 28. desselben Monats an den Bürgermeister, mit dem Antrag: den Ortsgemeindegrund Pl.-Nr 77, Ödung, mit einem Flächenumfange von 3,200 ha, unter Auferlegung eines im 25fachen Betrage ablösbaren Grundzinses von im Ganzen 62 Mk., in der gleichen Weise und unter denselben Bedingungen zu verteilen, wie die Plan-Nummern 75 und 76, jedoch mit Rücksicht auf die verschiedene Bonität gesondert von letzteren, so daß die Fläche Pl.-Nr. 77 für sich allein in 31 Teile abgeteilt werde. Zugleich wurde beantragt, die Ortsversammlung zur Beschlußfassung hierüber zu veranlassen.

Der Ortsausschuß trat am 10 Februar 1889 unter dem Vorsitze des Bürgermeister hierüber in Beratung. Bei der Abstimmung (ein Ausschußmitglied konnte wegen Unwohlseins an der Sitzung nicht teilnehmen) stimmten zwei Ausschußmitglieder gegen die beantragte Teilung; eines für dieselbe. Der Bürgermeister nahm an der Abstimmung nicht teil. Indessen machte sich der Ortsausschuß im Hinblick auf Art. 147 Abs. 2 der Gem.-Ordn. weiter einstimmig dahin schlüssig, den Gegenstand gleichwohl der Beratung und Beschlußfassung der Ortsversammlung zu unterstellen.

Die vorschriftsmäßig berufene Ortsversammlung fand am 15. Februar 1889 statt. Der Bürgermeister erstattete Vortrag über die Beratung des Ortsausschusses und stellte Namens des letzteren den Antrag, die Teilung abzulehnen. Das Ergebnis der schriftlichen Abstimmung ist am Schluße des über die Verhandlung aufgenommenen Protokolles, wie folgt, festgestellt:

„Die Zahl der Ortsbürger beträgt: 37, ³/₄ hievon: 28. An der Abstimmung haben teilgenommen: 36; für die

Teilung in der von Huber und Genossen beantragten Weise haben gestimmt: 28.

An Grundsteuer für innerhalb der Ortsmarkung gelegene Realitäten wird entrichtet:

von 37 Ortsbürgern der Betrag von . .	650 M.
von den übrigen Heimatberechtigten der Gemeinde Forst der Betrag von . . .	157 M.
Summa	807 M.
Die Hälfte davon	403 M. 50 ₰

Die 28 Ortsbürger, welche für die Teilung gestimmt haben, entrichten an Grundsteuer für Realitäten innerhalb der Ortsmarkung 460 M."

3. Der Bürgermeister brachte nun die beiden Protokolle vom 15. Januar und 15. Februar 1889 dem K. Bezirksamte N zu weiterer Verfügung in Vorlage. Das genannte Bezirksamt ersuchte das Bezirkskomité des landwirtschaftlichen Vereines um Abgabe eines Gutachtens. Das genannte Komité sprach sich, nachdem es durch eines seiner Mitglieder an Ort und Stelle hatte Augenschein nehmen lassen, unter eingehender Begründung dahin aus, daß die beiden beschlossenen Gemeindegrundteilungen als den Interessen der Ortsgemeinde Brand nützlich, sowie insbesondere auch als zur Förderung der landwirtschaftlichen Kultur dienlich zu erachten seien.

Da inhaltlich des Protokolles vom 15. Februar 1889 Georg Altmann von Brand seine Stimme für die Teilung zweimal, einmal für sich und sodann als Vertreter der Witwe Barbara Ulrichs abgegeben hatte, so ließ das K. Bezirksamt N dieses Verhältnis aufklären, wobei sich ergab: Barbara Ulrichs, seit dem im November 1888 erfolgten Tode ihres Ehemannes Besitzerin des Anwesens Hs.-Nr. 15 in Brand, hat durch Beschluß des Gemeindeausschusses von Forst vom 10. Januar 1889 das Bürgerrecht verliehen erhalten und die Aufnahmsgebühr sofort am folgenden Tage bezahlt. Bei der Ortsversammlung zu Brand vom 15. Januar hat sie sich nicht beteiligt. Bei der Ortsversammlung vom 15. Februar dagegen hat sie sich durch ihren — gehörig bevollmächtigten — Schwager, den Ortsbürger Georg Altmann zu Brand, vertreten lassen. Letzterer hat sowohl für seine Person, als Namens seiner Schwägerin für die Teilung gestimmt. Barbara Ulrichs entrichtet für ihre innerhalb der Ortsmarkung Brand gelegenen Realitäten 20 Mk. Grundsteuer.

Auch über die rechtlichen Verhältnisse bezüglich der Gemeindenutzungen von Brand forderte das K. Bezirksamt Bericht ein. In dem hierauf vom Ortsausschuß zu Brand erstatteten, vom Bürgermeister und sämtlichen Ausschußmitgliedern unterzeichneten Berichte vom 15. April 1889 ist hierüber bemerkt:

„Die Ortsgemeindegründe dienen mit ihrem Ertrage in erster Linie zur Bestreitung des Bedarfes der Ortsgemeindekasse. Im Übrigen kommen die Nutzungen an den unverteilten Gemeindegründen — Brennholz und Streu aus dem Gemeindewalde und Viehweide auf den Weideplätzen — herkömmlich ausschließend den Nutzungsberechtigten, d. i. den Besitzern der Anwesen Hs.-Nr. 1—30 zu, und zwar nach Verhältnis der Größe ihrer Nutzungsrechte, wie solche im Grundsteuerkataster vorgetragen sind. Die zur Verteilung bestimmten Ödungen Pl.-Nr. 75, 76 und 77 wurden bisher von den Nutzungsberechtigten als Viehweideplätze benützt. Eine Gemeinderechtsgebühr wird nicht erhoben".

In dem gleichzeitig in Vorlage gebrachten Grundsteuerkatasterauszuge für „Hs.-Nr. 38, Ortsgemeinde Brand" findet sich folgender Vortrag: „An den Gemeindebesitzungen haben die Hs.-Nr. 1—5 je zwei, Hs.-Nr. 6—20 je einen, Hs.-Nr. 21—30 je ein halb Nutzanteile".

Das K. Bezirksamt N erließ nun unterm 30. April 1889 folgenden Beschluß.

„1) Der Ortsversammlungsbeschluß der Ortsgemeinde Brand vom 15. Januar 1889 wird aufsichtlich genehmigt.

2) Dem Ortsversammlungsbeschlusse vom 15. Februar desselben Jahres dagegen wird die aufsichtliche Genehmigung versagt".

In den Gründen wurde unter Bezugnahme auf Art. 159 Abs. 1 Ziff. 2 der diesrhein. Gemeindeordnung ausgeführt:

Zu 1: Die formellen und materiellen gesetzlichen Bedingungen der Gemeindegrundteilungen nach Art. 27 der Gem.-Ordn. seien sämtlich erfüllt; die am 15. Januar 1889 beschlossene Teilung sei auch für die Ortsgemeinde, welcher doch noch ein ansehnlicher Grundbesitz verbleibe, wie für die Ortsangehörigen zuträglich.

Zu 2: Gemäß Art. 27 Abs. 1 mit Art. 146 Abs. 2 der Gem.-Ordn. sei die Rechtsgiltigkeit von Gemeindegrundteilungen durch übereinstimmende Beschlüsse der Gemeindeverwaltung und der Gemeinde- beziehungsweise Ortsversammlung bedingt. Im vorliegenden Falle habe sich aber einesteils der Ortsausschuß gegen die Teilung erklärt, und anderenteils entbehre auch der Ortsversammlungsbeschluß vom 15. Februar 1889 der formellen Giltigkeit, weil kein Gemeindebürger ein doppeltes Stimmrecht ausüben dürfe und daher die von Georg Altmann für Barbara Ulrichs abgegebene Stimme als ungiltig zu erachten sei und durch den Wegfall dieser Stimme die gesetzliche Voraussetzung einer 3/4-Mehrheit verloren gehe.

Gegen Ziff. 2 des bezirksamtlichen Beschlusses erhob der Ortsausschuß von Brand in Ausführung eines bezüglichen Ortsversammlungsbeschlusses Beschwerde zur K. Regierung von Mittelfranken, Kammer des Innern, welche jedoch durch Bureauentschließung vom 15. Mai 1889 den bezirksamtlichen Beschluß, soweit dagegen Beschwerde erhoben worden war, aus den ihm unterstellten Gründen und unter Bezugnahme auf Art 161 der Gem.-Ordn. bestätigte. Diese Entschließung wurde dem Ortsausschuß zu Brand — zugestellt und dem Bürgermeister Reichart zu Forst am 31. Mai — abschriftlich mitgeteilt.

4. Nunmehr wendeten sich die nachstehend bezeichneten Gruppen von Beteiligten an das K Bezirksamt N mit dem Antrage auf verwaltungsrechtliche Verhandlung und Entscheidung.

A. Der Gemeinderechtsbesitzer Johann Meier von Brand stellte unterm 10. Juni im eigenen Namen und im Auftrage von 6 weiteren Nutzungsberechtigten von dort, welche ihm vorschriftsmäßige Vollmacht erteilt hatten, den Antrag: den Ortsversammlungsbeschluß vom 15. Januar 1889 für ungiltig zu erklären. Zur Begründung führte Meier aus: Es fehle an der erforderlichen ¾=Mehrheit der Stimmen. Diese Mehrheit berechne sich aus der Gesamtzahl 37 auf 28. Ebenso Viele hätten auch für die Teilung gestimmt; unter den Letzteren habe sich aber auch Melchior Reindl befunden. Diesem sei zwar Tags zuvor durch Beschluß der Gemeindeverwaltung Forst das Bürgerrecht verliehen worden, die statutenmäßige Aufnahmsgebühr habe er erst darnach, am 20. Januar, entrichtet. Er sei sohin am 15. Januar noch nicht stimmberechtigt gewesen, da nach dem in der Gemeinde Forst zu Recht bestehenden Aufnahmsgebühren=Regulativ die Wirksamkeit des Bürgerrechtes von der Bezahlung der Aufnahmsgebühr abhängig sei.

B. Der Gemeinderechtsbesitzer Xaver Huber von Brand stellte am 9. Juni 1889 für sich und im Namen von weiteren 22 Besitzern nutzungsberechtigter Anwesen daselbst — versehen mit vorschriftsmäßiger Vollmacht — den Antrag: auszusprechen, daß der Ortsgemeindeversammlungsbeschluß vom 15. Februar 1889 als rechtsgiltig und rechtswirksam anzuerkennen sei.

Die Antragsteller hätten in ihrer Eigenschaft als Ortsbürger und als Nutzungsberechtigte gemäß Art. 19 Abs. 2 Ziff. 3 mit Art. 27 Abs. 3 und Art 32 der Gem.=Ordn. ein Recht darauf, daß eine in rechtsgiltiger Weise beschlossene Gemeindegrundteilung anerkannt und in Vollzug gesetzt werde. Die Aufsichtsbehörde könne zwar aus Zweckmäßigkeitsrücksichten die Genehmigung versagen und den Vollzug inhibieren; wenn sie dies aber aus rechtlichen Erwägungen thue, so betrete sie das Verwaltungsrechtsgebiet und unterliege daher ihr Ausspruch in dieser Richtung der Korrektur im verwaltungsrechtlichen Verfahren.

Der durch Regierungsentschließung vom 15. Mai 1889 bestätigte Aufsichtsbeschluß des K. Bezirksamtes N vom 30. April desselben Jahres beruhe in Ziff. 2 auf unrichtiger Gesetzesauslegung.

a) Die Gemeindeordnung fordere in Art. 27 nur so viel, daß sich für die beantragte Gemeindegrundteilung drei Vierteile der Gemeindebürger erklären und daß die Zustimmenden zusammen an Grundsteuer den daselbst näher bezeichneten Betrag entrichten. Nirgends sei aber bestimmt, daß der Antrag auf Teilung vom Gemeinde- beziehungsweise Ortsausschuß ausgehen oder daß dieser zustimmen müsse. Eine diesbezügliche ausdrückliche Vorschrift wäre jedoch notwendig gewesen, wenn hier eine Ausnahme von den allgemeinen Bestimmungen der Gemeindeordnung über die Zuständigkeit und die Befugnisse der Gemeindeversammlung hätte getroffen werden wollen.

b) Was die Stimmabgabe durch Georg Altmann für Barbara Ulrichs betreffe, so sei es gesetzlich nicht ausgeschlossen, daß eine Frauensperson, welche Bürgerrecht besitze, sich bei Ausübung ihres Stimmrechtes durch einen Mitbürger vertreten lasse.

C. Die Besitzer der sogenannten Leerhäuser, Hs.-Nr. 31—37, erteilten dem Besitzer von Hs.-Nr. 31, Joseph Klein, Vollmacht zu ihrer Vertretung in dieser Angelegenheit.

Joseph Klein stellte unter'm 10. Juni 1889 für sich und seine Auftraggeber den Antrag, auszusprechen, daß die Ortsgemeindegründe Pl.-Nr. 75 und 76, dann Pl.-Nr. 77 unter sämtliche Ortsbürger zu gleichen Teilen zu verteilen seien.

Zur Begründung dieses Antrages nahm Joseph Klein Bezug auf Art. 19 Abs. 2 Ziff. 3, Art. 27 Abs. 3, Art. 32 Abs. 2 und 4 der Gem.-Ordn. Hienach seien regelmäßig, soferne nicht durch ein abweichendes Herkommen oder besondere Rechtstitel etwas anderes begründet sei, alle Gemeindebürger berechtigt, an Gemeindegrundteilungen gleichheitlich teil zu nehmen. Besondere Rechtstitel beständen hinsichtlich des Rechtes der Teilnahme an Gemeindegrundteilungen in Brand nicht, ebensowenig ein von der gesetzlichen

Regel abweichendes Herkommen, wie schon die Thatsache erkennen lasse, daß bei der im Jahre 1835 stattgehabten Gemeindeteilung alle Ortsbürger, einschließlich der Leerhäusler, einen gleichen Anteil erhalten hätten.

5. Nunmehr setzte das K. Bezirksamt N zur Verhandlung der Sache Tagfahrt auf 15. September an und ließ Einladung hiezu an die Antragsteller beziehungsweise an die Bevollmächtigten derselben ergehen.

Da die vier Mitglieder des Ortsausschusses von Brand als Antragsteller und Parteigegner beteiligt erschienen, forderte das Bezirksamt weiter den Bürgermeister Reichart zu Forst auf, die Ortsgemeinde Brand bei der Verhandlung zu vertreten.

Am 15. September fanden sich die sämtlichen Geladenen — für die beiden Gruppen von Nutzungsberechtigten und für die Leerhäusler die oben genannten Bevollmächtigten — ein. Der K. Bezirksamtmann gab den Erschienenen zunächst den Inhalt der erwachsenen Akten, insbesondere die gestellten Anträge und deren Begründung, bekannt und forderte sodann die Beteiligten beziehungsweise deren Vertreter zur Begründung ihrer Anträge und zur Abgabe etwaiger Gegenerklärungen auf.

A. Joh Meier wiederholte den von ihm gestellten Antrag und dessen Begründung.

Bürgermeister Reichart bemerkte hierauf zunächst zur thatsächlichen Feststellung: Melchior Reindl in Brand habe das dortige Anwesen Hs.-Nr. 16 — Grundsteuersoll in der Ortsmarkung 18 Mk. — erst gegen Ende des Jahres 1888 erkauft und habe dann um Verleihung des Bürgerrechtes nachgesucht. Solches sei ihm auch durch Beschluß der Gemeindeverwaltung Forst vom 14. Januar 1889 verliehen worden; die regulativmäßige Aufnahmsgebühr habe er am 20. Januar entrichtet. Das im Jahre 1870 durch Gemeindeversammlungsbeschluß festgesetzte und öffentlich bekannt gemachte Regulativ über Bürgeraufnahmsgebühren enthalte folgende Bestimmung: „Die Wirksamkeit des Bürgerrechtes ist von der vorausgehenden Bezahlung der Aufnahmsgebühr abhängig“. Zum Belege übergab Bürgermeister Reichart einen Abdruck des erwähnten Regulatives, in welchem sich die angegebene Bestimmung wörtlich findet.

Im Übrigen wurde von Xaver Huber auf den Antrag des Joh. Meier und Genossen entgegnet:

a) Im Allgemeinen mache sich gegen den gestellten Antrag, welcher sich als Beschwerde gegen den Ortsversammlungs-Beschluß vom 15. Januar 1889 darstelle, das Bedenken geltend, daß diese Beschwerde innerhalb der in Art. 163 der Gem.-Ordn. bestimmten Frist hätte angebracht werden müssen, und daß jedenfalls durch die inzwischen erfolgte aufsichtliche Genehmigung jede weitere Anfechtung ausgeschlossen sei.

b) Melchior Reindl sei durch die auf sein Ansuchen durch Gemeindeverwaltungsbeschluß vom 14. Januar 1889 erfolgte Bürgerrechtsverleihung Bürger geworden und habe hiemit gemäß Art. 19 Abs. 2 Ziff. 1 der Gem.-Ordn das Recht erlangt, bei der Beratung und Abstimmung über Gemeindeangelegenheiten mitzuwirken. Dem erwähnten Vorbehalt im Gebührenregulativ könnte höchstens die Bedeutung beigemessen werden, daß die Gemeinde befugt sei, dem neu aufgenommenen Bürger bis nach erfolgter Entrichtung der Aufnahmsgebühr die Ausübung der mit dem Bürgerrechte verbundenen Befugnisse zu versagen. Nachdem aber Reindl's Teilnahme an der Abstimmung vom 15. Januar 1889 weder seitens des Ortsausschusses noch seitens der übrigen Versammelten beanstandet worden sei, er auch die Aufnahmsgebühr am 20. Januar bezahlt habe, so werde die Giltigkeit seiner Stimmabgabe mit Unrecht bezweifelt.

Übrigens sei diese Bemängelung jedenfalls für die Giltigkeit des Versammlungsbeschlusses belanglos, weil, wenn auch Reindl für die Abstimmung vom 15. Januar als Bürger nicht in Betracht kommen sollte, die erforderliche $^3/_4$-Mehrheit gleichwohl gegeben wäre.

Joh. Meier glaubte hierauf bemerken zu sollen, daß Melch. Reindl durch den Gemeindeverwaltungsbeschluß vom 14. Januar 1889 das Bürgerrecht wirklich erlangt habe und daher auch bei der Ortsversammlung vom 15. Januar mit Recht den Bürgern beigezählt worden sei. Nur die Ausübung (die „Wirksamkeit") dieses Rechtes sei gemäß Art. 20 Abs. 1 der Gem.-Ordn. bis zur Entrichtung der Aufnahmsgebühr suspendiert gewesen, und er sei daher nicht befugt gewesen, mitzustimmen.

B. Xaver Huber erklärte, zur Begründung seines Antrages zunächst nur noch das Eine nachtragen zu wollen, daß, wie ihm von einem Rechtsverständigen mitgeteilt worden sei, die Fassung der Worte in Art. 27 Abs. 1 der Gem.-Ordn.: „wenn dem Antrage auf Teilung ꝛc." durch einen bezüglichen Beschluß der Kammer der Reichsräte — Verh. d. Kammer der Reichsr. 1866/9 Prot.-Bd. VII. S. 273 f. —*) entstanden sei; es habe zuvor geheißen: „dem Antrage der Gemeindeverwaltung auf Teilung". Die Worte „der Gemeindeverwaltung" seien gestrichen worden. Hiedurch sei klargestellt, daß es der Zustimmung der Gemeindeverwaltung nicht bedürfe.

Von Joh. Meier wurde dagegen ausgeführt: Der gestellte Antrag sei von vorneherein rechtlich unmöglich und gesetzlich unzulässig.

Die Erteilung oder Versagung der aufsichtlichen Genehmigung sei Sache freien administrativen Ermessens; Niemand habe ein Recht auf Erteilung der Genehmigung. Gegen die Versagung derselben, gleichviel ob sie aus Zweckmäßigkeitsrücksichten, oder aus rechtlichen Erwägungen erfolgt sei, könne im Verwaltungsrechtswege nicht angekämpft werden.

Nachdem nun die Aufsichtsbehörden dem Beschluß der

---

*) (Anmerkung): Am angef. O. — im Protokoll über die Sitzung der Kammer der Reichsräte vom 3. April 1869 — findet sich mit Bezug auf Art. 28 des Entwurfes einer Gem.-Ordn. f. d. Landest. diss. d. Rh. — nun Art. 27 des Gesetzes — folgender Vortrag: „Ferner hat der Ausschuß beantragt, die Worte: „der Gemeindeverwaltung" zu streichen, indem das ausschließliche Antragsrecht der Gemeindeverwaltung nicht mit den Bestimmungen der Artikel 113 und 144a" (nun Art. 115 und 147) „in Einklang stehe, welche sowohl der Gemeindevertretung als der Gesamtbürgerschaft ein Antragsrecht einräumen". Dieser Antrag wurde angenommen.

Ortsgemeinde Brand vom 15. Februar d. Js. die Genehmigung versagt hätten, sei dieser Beschluß vollständig hinfällig, so daß aus demselben keinerlei Rechte abgeleitet werden könnten.

Der Antrag des Xav. Huber und Genossen müsse daher ohne Weiteres, sei es als unbegründet, oder wegen Unzuständigkeit der Verwaltungsrechtsinstanzen, abgewiesen werden.

Nur vorsorglich — bemerkte Joh. Meier — wolle er auf die Sache selbst weiter eingehen. Hiebei glaube er aber auf die zutreffenden Ausführungen im bezirksamtlichen Beschlusse vom 30. April 1889 Bezug nehmen zu dürfen.

Xav. Huber erwiderte hierauf: Die Beschlüsse der Aufsichtsbehörden vom 30. April und 15. Mai 1889 enthielten, indem sie sich in den Entscheidungsgründen über rechtliche Fragen verbreiteten, thatsächlich zugleich eine Rechtsentscheidung, welche der Anfechtung im Verwaltungsrechtswege unterliege. — Zur Sache selbst nehme er auf seine früheren Ausführungen Bezug.

Joh. Meier bemerkte dagegen, er könne nicht finden, daß die Aufsichtsbehörden über etwas anderes, als über die Erteilung oder Versagung der aufsichtlichen Genehmigung entschieden hätten oder hätten entscheiden wollen. Würde man aber gleichwohl annehmen, daß in ihren Beschlüssen eine verwaltungsrechtliche Entscheidung liege, so sei diese, nachdem sie nicht durch Beschwerde zum K. Verwaltungsgerichtshofe angefochten worden sei, rechtskräftig geworden.

C. Joseph Klein erklärte, daß er zu dem von ihm gestellten Antrag und zu dessen Begründung vorerst nichts beizusetzen habe.

Bürgermeister Reichart, aufgefordert, die hinsichtlich der Gemeindenutzungen in Brand bestehenden Verhältnisse darzulegen, erklärte, lediglich auf den Bericht des Ortsausschusses zu Brand vom 15. April 1889 Bezug nehmen zu müssen. Er habe nur noch beizufügen, daß, wie Jos. Klein richtig bemerkt habe, bei der Ortsgemeindegrundteilung vom Jahre 1835 — weitere Teilungen seien nicht vorgekommen — alle

Ortsbürger, einschließlich der Leerhäusler, gleiche Anteile erhalten hätten.

Diese Angabe, sowie die Darstellung in dem erwähnten Berichte des Ortsausschusses wurde von allen Anwesenden als zutreffend anerkannt.

Anknüpfend hieran wurde von Joh. Meier und Kaspar Huber auf den Antrag des Joseph Klein und Genossen entgegnet:

Die Grundlosigkeit dieses Antrages ergebe sich von selbst aus Art. 27 Abs. 3 der Gem.-Ordn. im Zusammenhalte mit der vom Ortsausschuß bestätigten und von Jos. Klein und Genossen selbst zugestandenen Thatsache, daß die Leerhäusler von der Teilnahme an den Nutzungen und den unverteilten Gemeindegründen herkömmlich vollständig ausgeschlossen seien. Denn nach der angeführten Gesetzesbestimmung richte sich das Anteilsrecht bei Gemeindegrundteilungen nach dem Teilnahmsrecht an den Nutzungen der unverteilten Gemeindegründe Es beruhe daher lediglich auf gutem Willen, daß den Leerhäuslern durch die beiden Gemeindebeschlüsse vom 15. Januar und 15. Februar ds. Js. zusammen ein Anteil zugestanden worden sei.

Joseph Klein führte dementgegen aus: Die Auffassung, daß die Anteilsberechtigung und der Verteilungsmaßstab hinsichtlich der Gemeindegrundteilungen gemäß Art. 27 Abs. 3 der Gem.-Ordn. die gleichen seien wie in Ansehung der Nutzungen an den unverteilten Gemeindegründen, beruhe auf einem Irrtume. Art. 27 Abs. 3 der Gem.-Ordn. bestimme vielmehr, daß Anteilsrecht und Teilungsmaßstab bei Gemeindegrundteilungen sich nach den in Art. 32 (Abs. 2–4) gegebenen Bestimmungen zu bemessen habe. Demgemäß sei es gesetzliche Regel, daß alle in Art. 32 Abs. 2 bezeichneten Personen, insbesondere alle Gemeindebürger, an Gemeindegrundteilungen teilzunehmen berechtigt seien und gleichen Anteil beanspruchen könnten. Ausnahmen fänden nur statt, wenn in Bezug auf Gemeindegrundteilungen durch besondere Rechtstitel oder durch Herkommen etwas Anderes begründet sei.

Letzteres sei aber hier, wie allseitig zugestanden und durch den Vorgang der Gemeindegrundteilung vom Jahre 1835 erwiesen sei, nicht der Fall. Demzufolge seien die Besitzer von Hs.-Nr. 31—37 berechtigt, bezüglich der am 15. Januar ds. Js. sowie hinsichtlich der am 15. Februar desselben Jahres beschlossenen Teilung, vorausgesetzt, daß letztere überhaupt rechtswirksam werden sollte, je einen ganzen ($^1/_{37}$) Anteil in Anspruch zu nehmen.

Hiemit wurde die Verhandlung geschlossen.

Aufgabe: Der vom K. Bezirksamte N zu erlassende Beschluß ist zu entwerfen und zu begründen. Die Geschichtserzählung ist zu erlassen; als solche gilt die vorstehende Darstellung.

Spezielle Aufgaben

für die

Rechtspraktikanten

in der

Pfalz

1889.

I. Aufgabe
aus dem bürgerlichen Rechte.

1. Die Anna Lamm, Ehefrau von Karl Wolf in Landau, mit dem sie in gesetzlicher Gütergemeinschaft gelebt hatte, erwirkte gegen diesen ihren Ehemann Ehescheidungsurteil. Bei den darauf folgenden Separationsverhandlungen vor Notar erklärte sie sich für Annahme der Gütergemeinschaft; es ergab sich aber dabei unter Anderem folgender Streitpunkt. Sie machte nämlich einen Reprisenanspruch im Betrage von 8500 Mark unter der Aufstellung geltend: sie habe in ungeteilter Gemeinschaft mit ihren drei Geschwistern ein Gartenstück besessen, welches bei der Lizitation von ihrem Ehemanne in eigenem Namen um 2000 Mk. erworben worden sei; dieser Garten sei später, noch während der Ehe, als Bauplatz um den erheblich höheren, sofort bezahlten Betrag von 10,000 Mk. verkauft worden; ihr habe daher das gesetzliche Retrakt- oder Wahlrecht zugestanden, entweder den Garten, beziehungsweise dessen spätern Erlös der Gütergemeinschaft zu überlassen und aus derselben Entschädigung für ihren Anteil am Garten zu verlangen oder aber den Garten beziehungsweise dessen Erlös als ihr Sondergut zu reklamieren und die Gütergemeinschaft für den aus derselben an die früheren Miteigentümer des Gartens bezahlten Betrag von 1500 Mk. zu entschädigen; sie wähle das letztere, und es komme ihr daher der verlangte Betrag zu, welchen die Gütergemeinschaft und, soweit diese nicht hinreiche, ihr Ehemann zu ersetzen verpflichtet sei.

Karl Wolf bestritt diesen Anspruch mit der Behauptung: wenn auch das thatsächliche Vorbringen seiner geschiedenen

Ehefrau seine Richtigkeit habe, so könne doch von einer Ausübung des beanspruchten Wahlrechts nicht die Rede sein, nachdem der Garten unter ihrer Mitwirkung veräußert worden sei; die Frau habe in einem solchen Falle nur das Recht, die Sache selbst an sich zu ziehen oder sie der Gütergemeinschaft zu überlassen; ersteres sei nur möglich, wenn die Liegenschaft noch im Besitze der Gemeinschaft oder des Mannes sich befinde, oder auch, wenn der Frau im Falle einer einseitig vom Manne vorgenommenen Veräußerung die Vindikation zustehe; keine dieser Voraussetzungen sei vorhanden; einen Reprisenanspruch, wie er hier geltend gemacht werde, kenne das Gesetz nicht, dasselbe bestimme namentlich nicht, daß im Falle des Verkaufs der Kaufpreis in locum rei trete; übrigens liege ja eventuell in der Beteiligung der Ehefrau an dem Verkaufe des Immöbels eine Ausübung der Wahl in dem Sinne, daß der Garten der Gütergemeinschaft überlassen sein solle, und eine solche sei auch während Bestehens der Gütergemeinschaft zulässig; jedenfalls habe seine geschiedene Frau keinen weiteren Anspruch, als auf die nach Verhältnis ihres früheren Gemeinschaftsanteils am Garten ihr zustehende Quote am seinerzeitigen Lizitationspreise, das ist auf 500 Mk., oder doch höchstens am Verkaufserlöse von 10,000 Mk., das ist auf 2500 Mark.

Wie ist nun zu entscheiden, und welches sind die Ansprüche, die aus obigen Rechtsgeschäften für die Beteiligten bestehen? Die Entscheidung ist selbstverständlich gehörig zu begründen.

2. Johann Müller in Kaiserslautern schuldet dem Karl Filz allda 1000 Mk. und hat eine Forderung an Franz Karch in Landstuhl von 800 Mk. Müller erteilt dem Karch den Auftrag, die von diesem an Ersteren geschuldeten 800 Mk. dem Filz zu bezahlen. Karch erklärte sich auch dem Müller gegenüber bereit, den Auftrag auszuführen. Müller machte dem Filz von dem Auftrage, welchen er dem Karch erteilt hatte, schriftliche Mitteilung. Ehe Weiteres geschehen war,

und ehe namentlich Karch Zahlung an Filz geleistet hatte, pfändet Friedrich Gaier, der auf Grund eines rechtskräftigen Urteils eine Forderung von 700 Mk. an Müller hat, dessen Forderung an Karch.

Konnte die Pfändung wirksam geschehen und warum oder warum nicht?

II. Aufgabe aus dem bürgerlichen Recht.

1. Der Landwirt Weber entlieh vom Rentner Groß eine Summe von 10,000 Mk., es wurde eine Schuld- und Pfandverschreibung vor Notar errichtet und zugleich darin bestimmt, daß der Gläubiger niemals Urteil oder Vollstreckungsbefehl und demgemäß auch keine Generalhypothek gegen den Schuldner wegen seiner Forderungen erwirken könne, um ihn in der freien Verfügung über seine nicht verpfändeten Liegenschaften nicht zu behindern. Zugleich erklärte sich sein Bruder als Solidarbürge. Da nach einiger Zeit der Schuldner die bedungenen Zinsen nicht mehr zahlte, kündigte der Gläubiger das Kapital sowohl dem Schuldner, als dem Bürgen gegenüber. Letzterer zahlte alsdann den Gläubiger vollständig aus und ließ sich von ihm zugleich in alle seine Rechte gegenüber dem Schuldner subrogieren. Da ihm die aus der Obligation hervorgehende Sicherheit nicht vollständig genügte, so stellte er eine Klage auf Zahlung von Kapital und Zins gegen den Schuldner an, um noch weitere Hypotheke auf dessen übrigen Güter zu erlangen.

Die Klage wurde als unzulässig bestritten, weil der Kläger, obwohl seine Forderung nicht beanstandet werden könne, als in die Rechte des ursprünglichen Gläubigers subrogiert, nicht mehr Rechte ausüben könne, als dieser, der doch ausdrücklich auf die Erlangung einer gerichtlichen Hypotheke verzichtet habe. Die Zahlung durch den Bürgen habe die Lage des Schuldners nicht verschlimmern können und bilde immer noch, wie von Anfang an, der Vertrag das Gesetz unter den Parteien, insbesondere auch zwischen Schuldner und Bürgen, da letzterer zudem persönlich beim Abschluß des Vertrags mitgewirkt hatte und ihm daher auch genau bekannt war, welch großes Gewicht der Schuldner auf jene Stipulation setzte, wie er denn auch in der Lage sei, bei fernerer freier Bewegung in Bezug auf seine nicht verpfändeten Liegenschaften, die er demnächst äußerst günstig verkaufen könne, sich aus seinen dermaligen Verlegenheiten vollständig herauszuziehen, während durch ein Urteil seine Lage erheblich verschlimmert werde.

Wie und aus welchen Gründen ist zu entscheiden?

2. Die Eheleute Hoch, welche beide zum ersten Male in die Ehe treten, verheirateten sich am 1. September 1860. Der Ehemann ist geboren am 1. Oktober 1836, die Ehefrau am 10. Oktober 1841. Im Jahre 1878 starben die Eheleute und handelt es sich um Teilung und Auseinandersetzung ihres Nachlasses. Ansprüche erheben, außer einem während der Ehe geborenen Sohne Jakob, noch folgende weitere Personen:

1) Georg, geboren am 1. März 1854, anerkannt 1864, von beiden Ehegatten;
2) Karl, geboren 1855, anerkannt vom Ehemanne noch im Jahre 1855;
3) Peter, geboren 1858, anerkannt 1859 durch beide Ehegatten;
4) Hans, geboren 1859, anerkannt 1863 ebenfalls durch beide Ehegatten;
5) Fritz, geboren am 1. Mai 1860, anerkannt 1864 vom Ehemanne, erzeugt mit Katharina Groß.

Welches ist die familienrechtliche Stellung der unter 1 bis 5 genannten Personen gegenüber den Eheleuten Hoch und gegenüber dem Sohne Jakob Hoch, sowie welche Rechte stehen denselben zu am Nachlasse der verstorbenen Eheleute Hoch, sofern man von etwa entgegenstehendem Standesbesitze absieht und die zulässigen Standesbestreitungen als erhoben denkt?

Praktischer Fall aus dem Justizfache.

Aus nachstehenden Prozedurakten und nach Maßgabe der darin niedergelegten Bemerkungen ist ein landgerichtliches Urteil in der Form einer Ausfertigung mit allen vom Gesetze vorgeschriebenen äußern und innern Erfordernissen sowie mit einer dem Gesetze entsprechenden Entscheidung abzufassen.

Klageschrift
zum K. Landgerichte Zweibrücken, Zivilkammer
für

Konrad Drumm, Landwirt, in Pirmasens wohnhaft, Kläger, durch den unterzeichneten am genannten K. Landgerichte zugelassenen, in Zweibrücken wohnhaften Rechtsanwalt Feder als Prozeßbevollmächtigten vertreten;

gegen

Friedrich Drumm, Landwirt, in Pirmasens wohnhaft, Beklagten, Streitgegenstand: Erbschafts- und Teilungsansprüche — Wert . . . . 9471 M.
sowie Freiheit des Grundeigentums von einer Dienstbarkeit — Wert . . . . 400 M.
zusammen Streitwert 9871 M.

Der Beklagte wird hiemit in die von dem Herrn Präsidenten zu bestimmende Sitzung der Zivilkammer des K. Landgerichts Zweibrücken zur mündlichen Verhandlung über die Klage vorgeladen, unter der Aufforderung, einen bei dem Prozeßgerichte zugelassenen Rechtsanwalt zum Prozeßbevollmächtigten zu bestellen.

Für den Kläger wird vorgetragen und beantragt werden:

Georg Drumm, Landwirt in Pirmasens, Vater der Parteien, besaß ein größeres Anwesen in Pirmasens an der Landauer Straße neben Philipp Stamm und Johann Keil, nämlich: Pl.-Nr. 241^a und 241^b vier Ar enthaltend, bestehend aus zwei mit Hs.-Nrn. 112 und 113 bezeichneten Wohnhäusern, zwischen denselben befindlicher Einfahrt, Nebengebäuden und Hof, sowie Pl.-Nr. 242^a und 242^b, zwei Ar

Gartenland. Die Einfahrt führt von der Landauer Straße aus in den Hinter- oder nördlich von ihr und den Wohnhäusern gelegenen Hof, welch letzterer zu beiden Seiten von den bereits angeführten Nebengebäuden eingefaßt ist. Hinter oder nördlich von diesen sowie dem Hofe liegt der zum Anwesen gehörige Garten.

Die Gestaltung des Anwesens wird durch nachstehende Skizze veranschaulicht:

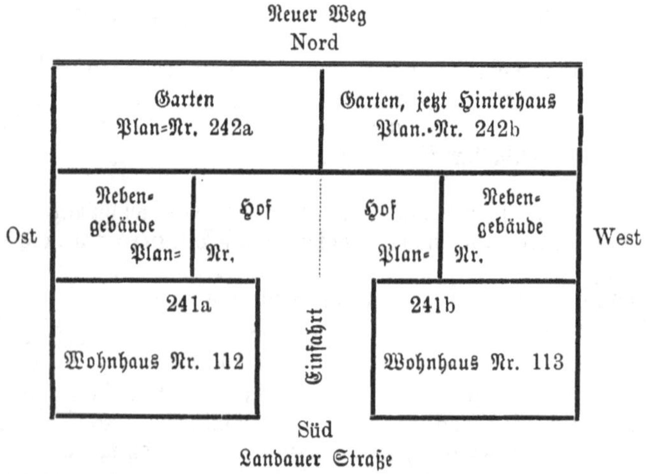

Georg Drumm trat in einem als Kauf bezeichneten Akte des K. Notärs Weiß in Pirmasens vom 15. Februar 1875 von dem beschriebenen Anwesen das erstlich gelegene mit der Hausnummer 113 bezeichnete Wohnhaus mit dem an dieses stoßenden Nebengebäude und die westliche Hälfte des Gartens sowie die ungeteilte Hälfte der Einfahrt und des Hofes um die Summe von 14,000 Mk. an seinen ältesten Sohn, den Beklagten Friedrich Drumm ab. Nach dem Akte waren von dem bedungenen Preise 4000 Mk. an Martini 1875, die übrigen 10,000 Mk. in vier gleichen Jahresterminen nach dem Tode des Verkäufers mit Zinsen vom Todestage an ebenfalls an Martini zahlbar. Zugleich war bedungen, daß Friedrich Drumm bei Lebzeiten seines Vaters von dem geschuldeten Kaufpreise zwar keine Zinsen zu bezahlen, dagegen die erforderlichen Fahrten und sonstigen Arbeiten zu Bebauung der Felder des letztern, insbesondere auch das Pflügen derselben unentgeltlich zu besorgen habe. Im Jahre 1878 verkaufte jedoch der Vater Drumm seine Felder, so daß der Beklagte der stipulierten Leistung von Fahrten thatsächlich enthoben war. Statt der Fahrten rc. machte dieser dann andere Leistungen nicht. Im Jahre 1878 ward auf der Nord- oder Rückseite des Eingangs genannten, ursprünglich dem Vater Georg Drumm gehörigen Anwesens ein neuer öffentlicher Weg angelegt, welcher längs der beiden nunmehrigen Gärten Pl.-Nr. 242a und Pl.-Nr. 242b vorüberzieht, während sich an Stelle des Wegs vorher fremdes, dem Beklagten unzugängliches Privateigentum befunden hatte. Der Beklagte Friedrich Drumm errichtete nun auf dem Platze des ihm gehörigen Gartens Pl.-Nr 242b ein Wohnhaus, sogenanntes Hinterhaus, aus welchem Thüren und Fenster nach dem dem Friedrich Drumm mit seinem Vater damals noch gemeinschaftlichen Hofe gehen. Die Fenster insbesondere sind von gewöhnlicher Beschaffenheit, ohne Gitter, lassen sich öffnen und es sind die beiden übereinander, dem Garten des Vaters Drumm, Pl.-Nr. 242a, zunächst angebrachten Fenster von der Grenze dieses Gartens 50 Centimeter in seitlicher Richtung entfernt. Außerdem vergrößerte damals der Beklagte sein vorderes, an der Landauer Straße gelegenes Wohnhaus und die darin befindlichen Fenster, worunter auch zwei übereinander stehende, direkt auf die gemeinschaftliche Einfahrt gehende Fenster, letztere um 15 Centimeter in der Breite und um 30 Centimeter in der Höhe. Auch die hier fraglichen Fenster sind von gewöhnlicher Beschaffenheit und lassen sich öffnen.

Im August 1879 teilten Georg Drumm und der Beklagte Friedrich Drumm durch Privatakt den bisher zwischen ihnen gemeinschaftlichen Hof mittels Verlängerung einer durch die Mitte der Einfahrt nach der Scheidegrenze der beiderseitigen Gärten gezogene Linie in zwei Hälften ab — wie dies auf obiger Skizze durch eine punktierte Linie angedeutet ist —, wovon Georg Drumm die östliche und der Beklagte Friedrich Drumm die westliche Hälfte erhielt, während die Einfahrt noch gemeinschaftlich blieb

Am 4. April 1886 starb der Vater Georg Drumm mit Hinterlassung dreier volljähriger Söhne als gesetzliche Erben, des Beklagten Friedrich, des Klägers Konrad und eines Sohnes Adam Drumm, welch' letzterer jedoch inzwischen ebenfalls gestorben ist. Durch ein von Adam hinterlassenes Testament ist der Kläger Konrad Drumm als dessen Universalerbe eingesetzt. Der Vater Georg Drumm hat bei seinem Tode ebenfalls ein Testament hinterlassen, in welchem er seinen Söhnen Konrad und Adam Drumm von seinem Nachlasse alles dasjenige, worüber er zu verfügen berechtigt ist, zum Voraus und außer Erbteil vermachte.

Bei der nach dem Tode des Georg und Adam Drumm zwischen dem Kläger und dem Beklagten vorgenommenen Teilung des Nachlasses des Ersteren ersteigerte Kläger das väterliche Anwesen, soweit es nach Obigem im Eigentume seines Vaters verblieben war, um 20,000 Mk. Auch die übrigen vorhandenen Nachlaßgegenstände wurden abteilungshalber versteigert und es ergaben die erzielten Erlöse mit den vorhandenen Ausständen einschließlich der Kaufpreisschuld des Beklagten nach Abzug der den Nachlaß belastenden Schulden einen Gesamtaktivbestand von 48,000 Mk. Hiezu kommen aber noch verschiedene von den Parteien zu machende Konferenden. Friedrich und Konrad Drumm haben nämlich unbestrittenermaßen in den Nachlaß ihres Vaters zu konferieren für bei ihrer Verheiratung erhaltene Ausstattung je 4000 Mk. Außerdem hat der Vater Georg Drumm im Jahre 1874 nach dem Tode seiner Ehefrau bei Gelegenheit der Teilung der Gütergemeinschaft, in welcher er mit dieser gestanden hatte, sowie des Nachlasses derselben seinen obgenannten drei Söhnen und Erben ihrer Mutter die ihm gehörige ungeteilte Hälfte an den vorhandenen gütergemeinschaftlichen Liegenschaften zu gleichen Teilen geschenkt, um mit der andern Hälfte dieser Liegenschaften, sowie den mütterlichen Liegenschaften unter die genannten drei Erben gleichheitlich geteilt zu werden, wonach diese denn auch gleiche Güterlose erhielten. Der damals geschenkte Anteil an jenen Liegenschaften hat nach Abschätzung der für die jetzt in Frage stehende Teilung bezeichneten Sachverständigen einen Wert von 12,000 Mk. Auch dieser Wert ist in den väterlichen Nachlaß einzuwerfen und bei Berechnung des verfügbaren Teils in Betracht zu ziehen. Hiezu kommt, daß Friedrich Drumm, der von seinem 19. bis zum 20. Lebensjahre als Einjährig-Freiwilliger im K. Heere diente, in dieser Zeit von seinem Vater Georg Drumm 4000 Mk. erhielt, die er verbrauchte. Diese sind mindestens zur Hälfte, weil der überschießende Betrag als übermäßiger Unterhaltungsaufwand erscheint, in den Nachlaß einzuwerfen und bei Berechnung des verfügbaren Vermögensteils in Anschlag zu bringen. Ebenso ist von dem Beklagten zu konferieren und für die Berechnung des Freiteils in Anschlag zu bringen der Betrag von 3000 Mk., da der Wert des demselben verkauften Hausanwesens um diesen Betrag nach Abschätzung des Teilungsexperten den Kaufpreis übersteigt, dieser Mehrbetrag daher als geschenkt zu erachten ist. Das Gleiche gilt von den Zinsen des Restkaufpreises dieses Hausanwesens für die Zeit vom 1. Januar 1879 an, da der Beklagte mindestens von dieser Zeit an seinem Vater die nach dem Hauskaufakte zu leistenden Fahrten nicht mehr machte, diese Fahrten die Stelle von Zinsen vertraten und für die Fahrten während der Zeit, in welcher sie unterblieben, ein ausgleichender Ersatz zu leisten ist. Diese Zinsen belaufen sich von dem genannten Zeitpunkte bis zum Tode des Erblassers auf 3628 Mk.

Hienach betragen die Konferenden, für deren Höhe der Todestag des Erblassers als Normaltag angenommen ist und welche selbstverständlich von da an zu verzinsen sind, zusammen 28,628 Mk. und die Gesamtnachlaßmasse, von welcher ein Freiteil zu berechnen ist, 76,628 Mk., endlich der dem Kläger durch das obangeführte Testament zum Voraus vermachte Freiteil 19,157 Mk. Der Beklagte ist aber noch verpflichtet, die zwischen ihm und dem Kläger gemeinschaftliche Einfahrt zu teilen, 815 c. c., was naturgemäß nur so geschehen kann, daß jede der Parteien die an ihr Vorderhaus angrenzende Hälfte der Einfahrt als Alleineigentum erhält, ferner die nach dieser aus seinem Vorderhause gehenden Fenster wieder auf ihren früheren Zustand zurückzuführen, sowie die beiden in seinem Hinterhause befindlichen, nur 50 Centimeter in seitlicher Richtung von dem Grundeigentum des Klägers entfernten Fenster bis auf eine Entfernung von 60 Centimeter hinwegzurücken, wenn er nicht vorzieht, alle diese Fenster in einer den Artikeln 676 und 677 c. c. entsprechenden Beschaffenheit herzustellen.

Da der Beklagte all dies bestreitet, so wird beantragt,

es gefalle dem K. Landgerichte, zu erkennen, daß die Parteien in dem Nachlaß des verlebten Georg Drumm außer je 4000 Mk. für erhaltene Aussteuer den 12,000 Mk. betragenden Wert der von dem Erblasser seinen drei Söhnen geschenkten durch den Kläger zu ²/₃, durch den Beklagten zu ¹/₃ zu verrechnenden gütergemeinschaftlichen Liegenschaften einzuwerfen haben, daß ferner der Beklagte in den besagten Nachlaß einzuwerfen hat 2000 Mk. für Zuwendungen, die er als Einjährig-Freiwilliger von dem Erblasser erhielt, sowie für das ihm übertragene Hausanwesen und wegen des Übertrags von ihm zu leistende Dienste 6628 Mk.,

daß alle diese Konferenden neben dem übrigen Aktivbestande des Nachlasses für die Berechnung des verfügbaren Teiles desselben in Betracht zu kommen haben, und daß dieser verfügbare, dem Kläger zum Voraus vermachte Vermögensteil 19,157 Mk. beträgt,

weiter den Beklagten zu verurteilen, die gemeinschaftliche Einfahrt zwischen den Vorderhäusern der Parteien mit dem Kläger in Natur in der Weise abzuteilen, daß jede der Parteien die auf der Seite ihres Hauses gelegene Hälfte derselben erhält, sowie die beiden aus dem Vorderhause des Beklagten nach dieser Einfahrt gehenden Fenster bis auf ihre frühere Größe zu verkleinern, sowie die zwei obenbezeichneten nur 50 c. m. in seitlicher Richtung von der Grenze des Anwesens des Klägers entfernten Fenster des Hinterhauses des Beklagten bis auf die Entfernung von 60 c. m. zu beseitigen oder den vorbezeichneten Fenstern die durch Art. 676 und 677 c. c. vorgeschriebene Beschaffenheit zu geben,

endlich den Beklagten in die Prozeßkosten zu verurteilen.

Zweibrücken, 16. September 1839.

Feder, Rechtsanwalt.

Zur mündlichen Verhandlung über vorstehende Klage wird die Sitzung der Zivilkammer des K. Landgerichts vom 6. Dezember 1889 bestimmt.

Zweibrücken, 17. September 1889.

Der Vorsitzende der Zivilkammer des K. Landgerichts.

Just, K. Landgerichtspräsident.

Bemerkung: Die Klageschrift wurde dem Beklagten durch Akt des K. Gerichtsvollziehers Pfeuder in Pirmasens vom 19. September 1889 in gehöriger Weise zugestellt.

Klagebeantwortung

für

Friedrich Drumm, Landwirt, in Pirmasens wohnhaft, Beklagten, durch Rechtsanwalt Heist in Zweibrücken als Prozeßbevollmächtigten vertreten,

gegen

Konrad Drumm, Landwirt, in Pirmasens wohnhaft, Kläger, durch Rechtsanwalt Feder in Zweibrücken vertreten;

daß der Aktivbestand des Nachlasses von Georg Drumm abgesehen von den Konferenden 48,000 Mk. beträgt, wird nicht bestritten, ebensowenig, daß der Beklagte gleich dem Kläger für bei seiner Verheiratung erhaltene Ausstattung 4000 Mk. in diesen Nachlaß zu konferieren hat.

Dagegen bestreitet der Beklagte die Pflicht zu den begehrten weitern Konferenden, sowie daß der Nachlaß des Georg Drumm zur Zeit vor dessen Tod, für die Berechnung des verfügbaren Vermögensteils höher als zu 56,000 Mk. angenommen werde. Die ungeteilte Hälfte der gütergemeinschaftlichen Immobilien wurde den Söhnen des Erblassers geschenkt, um mit dem mütterlichen Nachlasse gleichheitlich unter die Schenknehmer geteilt zu werden, und es ist dies auch geschehen. Sie sind daher als zum mütterlichen Nachlasse gehörig anzusehen. Eine Kollationspflicht kann bezüglich ihrer schon deshalb nicht bestehen, weil bezüglich der fraglichen Liegenschaften infolge ihrer Teilung unter die Erben bereits eine Gleichstellung zwischen denselben stattgefunden hat. Aus denselben Gründen sind sie auch für die Berechnung des Freiteils nicht in Anschlag zu bringen. Was der Beklagte während seiner Militärzeit vom Erblasser erhielt, war allerdings verhältnismäßig nicht unbedeutend. Allein es hat dies zur Ausrüstung und zum Unterhalte des Beklagten gedient und ist daher von diesem, namentlich da er es während seiner Minderjährigkeit erhielt, nicht zu konferieren und ebensowenig für die Berechnung der portion disponible in Anschlag zu bringen.

Die Übertragung des Hausanwesens geschah durch einen aufrichtig und ernstlich gemeinten Kauf, wie schon daraus erhellt, daß der von den Sachverständigen angegebene Wert den Kaufpreis nicht erheblich übersteigt, fällt daher nicht unter den Gesichtspunkt einer Schenkung oder freigebigen Zuwendung, weshalb das bezügliche Klagebegehren ungerechtfertigt ist. Die Arbeiten, die der Beklagte dem Erblasser zufolge des Hauskaufs zu leisten hatte, unterblieben deshalb, weil dieser sie nicht mehr in Anspruch zu nehmen in der Lage war, und geben deshalb, sowie weil sie offenbar die Stelle von Zinsen vertreten sollten, keinen Grund zu einer Kollation — Art. 856 c. c. — und ebensowenig zu einer Verrechnung behufs Feststellung des Freiteils.

Was das Begehren der Teilung der gemeinschaftlichen Einfahrt anlangt, so ist diese 3 1/2 Meter breit und seinerzeit absichtlich gemeinschaftlich gelassen worden, um beiden Anwesen der Parteien als Einfahrt zu dienen. Bei einer Teilung in Natur wären die einzelnen Teile zu klein, um noch als

Einfahrt dienen zu können. Auf derartiges gemeinschaftliches Eigentum ist aber Art. 815 c. c. nicht anwendbar und ist daher das Teilungsbegehren unbegründet. Mit Rücksicht auf die Natur dieses Miteigentums war der Beklagte auch berechtigt, die nach der Einfahrt gehenden Fenster zu vergrößern. Endlich wurden auch die Fenster in dem Hinterhause des Beklagten mit mündlich erteilter Zustimmung des Erblassers hergestellt und ist insbesondere daraus, daß der Erblasser die beiden seinem Eigentum zunächst liegenden Fenster bei der Teilung des gemeinschaftlichen Hofes, auf welchen sie ja allein einen Ausblick gewähren, bestehen ließ, per argumentum aus Art. 692 c. c. eine Anerkennung ihrer Berechtigung zu erblicken. Es ist daher das bezüglich der Fenster gestellte Klagbegehren ebenfalls unbegründet.

Der Beklagte stellt daher den Antrag, die Klage unter Würdigung der Bereitwilligkeit des Beklagten zur Kollation von 4000 Mk. die erhobene Klage als unbegründet abzuweisen und den Kläger in die Prozeßkosten zu verfällen.

Zweibrücken, 8. Oktober 1889.

Der Rechtsanwalt des Beklagten.
Heist.

Schriftsatz
für

Konrad Drumm, Landwirt, in Pirmasens wohnhaft, Kläger, durch Rechtsanwalt Feder als Prozeßbevollmächtigten vertreten,

gegen

Friedrich Drumm, Landwirt, in Pirmasens wohnhaft, Beklagten, durch Rechtsanwalt Heist als Prozeßbevollmächtigten vertreten.

Die erhobene Klage wird in allen Punkten aufrecht erhalten.

Daß namentlich die vom Erblasser seinen Söhnen überlassene ungeteilte Hälfte der gütergemeinschaftlichen Liegenschaften als Teil des mütterlichen Nachlasses anzusehen seien, ist nicht richtig. Sie wurden diesen Söhnen in Form einer gewöhnlichen Schenkung zugewendet und sind zu konferieren, sowie bei Berechnung der disponiblen Quote in Betracht zu ziehen, da kein Gesetz für die Befreiung von der Pflicht hiezu angeführt zu werden vermag. Der Aufwand, den der Erblasser für den Beklagten während seiner Militärdienstzeit machte, ist kein gewöhnlicher Unterhaltsaufwand, den der Erblasser auch in weit einfacherer Weise in seinem Hause hätte leisten können, sondern bildet eine Zuwendung behufs Erleichterung oder Abminderung der dem Beklagten persönlich obliegenden gesetzlichen Pflicht, in der gewöhnlichen Weise drei Jahre im K. Heere zu dienen. Der Aufwand ist auch so groß, daß er aus laufenden Mitteln nicht bestritten werden konnte, wie denn auch der Beklagte nicht wird bestreiten können, daß der Erblasser zu dessen Bestreitung ein ausstehendes Kapital von 3000 Mk. einzog und der Beklagte wird es dem Kläger nur als Billigkeit anrechnen können, daß dieser wegen des erwähnten Aufwandes nur die Einwerfung von 2000 Mk. verlangt. Die Minderjährigkeit des Beklagten während der Zeit, als der Aufwand gemacht wurde, ist für die Beurteilung der Frage von keinem Belange.

Endlich ist der Mehrwert des dem Beklagten übertragenen Hausanwesens über den stipulierten Kaufpreis zweifellos als diesem wenigstens indirekt geschenkt anzusehen und deshalb zu konferieren, sowie bei Feststellung des Freiteils in Anschlag zu bringen. Durch den Hausübertrag sollte die vom Beklagten damals eingegangene Ehe begünstigt werden. Das Gleiche gilt von dem Werte der dem Beklagten durch den Kaufakt auferlegten, jedoch unterbliebenen Arbeitsleistungen, da diese prinzipiell geschuldet sind und jene Arbeitsleistungen, wenn sie auch statt der Zinsen bedungen sind, doch rechtlich nicht den Charakter von Zinsen haben, weshalb Art. 856 c. c. mit nichten zutrifft. cf. Art. 829 c. c.

Was die Teilung der Einfahrt anlangt, so ist die Bestimmung von Art. 815 c. c. eine ausnahmslose, von der daher auch der Richter eine Ausnahme nicht zulassen kann. Ohnehin kann der Raum, welcher gegenwärtig als Einfahrt dient, nach der Naturalteilung von den Parteien immerhin noch in anderer Weise wie als Einfahrt benützt werden, und hatte ja der Beklagte mit Herstellung des neuen Wegs auf der Rückseite seines Anwesens die Möglichkeit, auf dieser Seite eine Einfahrt zu gewinnen. Daß er dies nun wegen des aufgeführten Hausbaues nicht mehr leicht kann, hat er sich lediglich selbst zuzuschreiben und kann dem Kläger nicht zum Nachteile gereichen. Es gibt übrigens viele Hausanwesen ohne Einfahrt.

Bezüglich der Fenster wird die Rechtsausführung des Beklagten als unzutreffend bestritten, insbesondere auch nicht anerkannt, daß der Erblasser den rechtlichen Bestand der streitigen Fenster habe anerkennen wollen und in ersterer Beziehung einfach auf die Bestimmungen von Art. 676 bis 680 c. c. verwiesen.

Zweibrücken, 24. Oktober 1889.

Der Rechtsanwalt des Klägers.

Feder.

Bemerkungen: Die gewechselten Schriftsätze sind als gehörig zugestellt zu betrachten.

Bei der mündlichen Verhandlung der Sache am sechsten Dezember 1889 verlasen die Anwälte der Parteien ihre Anträge aus den von ihnen gefertigten Schriftsätzen. Dieselben begründeten diese Anträge in freiem Vortrage in thatsächlicher und rechtlicher Beziehung im Wesentlichen in gleicher Weise, wie dies in ihren Schriftsätzen geschehen ist, wobei sie insbesondere auf den darin enthaltenen thatsächlichen Aufstellungen beharrten, die Ausführungen des Gegners bekämpften und der Beklagte insbesondere die Erheblichkeit des Umstandes zu widerlegen suchte, daß er sich die Möglichkeit einer Ausfahrt auf den neuen Weg verbaut habe. Die thatsächlichen Behauptungen des Klägers wurden vom Beklagten zugegeben, soweit sie nach Inhalt der vorstehenden Schriftsätze nicht ausdrücklich bestritten wurden. Nicht anerkannt wurde übrigens vom Beklagten, daß der Verkauf des Hausanwesens an ihn in freigebiger Absicht und insbesondere mit Rücksicht auf die damals von ihm eingegangene Ehe unter günstigern Bedingungen als außerdem der Fall gewesen wäre, zu Stande gekommen sei. Beweise über die gemachten thatsächlichen Aufstellungen, soweit diese vom Gegner bestritten sind, wurden von keiner Seite angeboten.

Frage aus dem katholischen Kirchenrechte.

Das bisherige Gesamteinkommen der katholischen Landpfarrei N bestand aus 2060 Mk., welches sich zusammensetzte

	M.	₰
aus einem Staatsgehalte von	321	40
aus dem Wohnungsanschlage von	51	86
aus einem Zuschusse aus der Gemeindekasse mit	170	14
aus sonstigem Gelde und Naturalerträgnissen mit	725	60
aus Anniversargebühren mit	60	—
und aus einer Einkommensaufbesserung aus Staatsmitteln mit	731	—
Summa	2060	—

Im Jahre 1887 wurde Pfarrer A in N darauf aufmerksam gemacht, daß eines der Pfarrgrundstücke vorzüglichen abbauwürdigen Thon berge, alsbald angestellte nähere Versuche bestätigten diese Angabe und Pfarrer A erzielte sofort schon während der Jahre 1887 und 1888 aus einer ordnungsmäßig betriebenen Thongrube einen Reingewinn von jährlich 750 Mk.

Nun wurde der kathol. Fabrikrat von N auf die Sache aufmerksam, und in der Besorgnis, es möchte das Grubenfeld nur zum ausschließlichen Nutzen des gegenwärtigen Pfarrers ausgebeutet werden, stellte derselbe auf Grund des Art. 1 des kaiserl. Dekretes vom 6. November 1813 den Antrag auf Veräußerung des Grubenfeldes und auf verzinsliche Anlage des Erlöses.

Dieses Vorgehen des Fabrikrates veranlaßte den Pfarrer A, die Versetzung auf eine andere Pfarrei anzustreben, welches

Ziel er auch alsbald erreichte, infolge dessen die hiedurch erledigte Pfarrei mit den eingangs erwähnten Bezügen zur Bewerbung ausgeschrieben und sodann auf Ansuchen dem Pfarrer B verliehen worden ist.

Mittlerweile hatte die K. Regierung im Verfolge des Antrages des kathol. Fabrikrates von N die Versteigerung des in der Pfarrfassion mit einem Ertrage von 50 Mk. vorgetragenen Grubenfeldes angeordnet, und bei dieser Versteigerung wurde denn auch ein Meistgebot von 25,000 Mk. erzielt. Dieses Ergebnis wurde von der K. Regierung, Kammer des Innern, genehmigt. Als die Kaufsumme erlegt war, erfolgte deren Anlage in vierprozentigen Papieren al pari, und nun erklärte der Gemeinderat von N, vom 1. Januar 1890 beginnend, den bisherigen Zuschuß zum Pfarrgehalte aus Gemeindemitteln mit jährlich 170 Mk. 14 Pf. einstellen zu müssen, da der Pfarrer bei der erheblichen Mehrung seines Einkommens auf diesen Bezug nicht mehr angewiesen sei; zudem erhelle auch aus dem aufsichtlich bereits geprüften Voranschlage pro 1890, daß die Gemeinde N nunmehr zur Erhebung einer zehnprozentigen Gemeindeumlage schreiten müsse. Die weitere Behauptung, daß ein besonderer Rechtstitel für diese gemeindliche Leistung nicht vorliege, wurde durch die gepflogenen Erhebungen thatsächlich bestätigt.

Der Fabrikrat machte gegen diesen Antrag keine Erinnerung geltend, und regte bei den ohnehin gänzlich veränderten Verhältnissen eine Neuregulierung der Pfarrfassion an.

Pfarrer B hierüber einvernommen, erklärte, daß er auf dem ungeschmälerten Fortbezuge der bisherigen Pfarreinkünfte beharren müsse, da er nur durch die bei Ausschreibung der Pfarrei amtlich bekanntgegebenen Einkünfte bewogen worden sei, sich um die Pfarrei N zu bewerben. Hievon abgesehen, habe er gegen Neuregulierung seiner Gehaltsbezüge keine Erinnerung zu erheben.

Das bischöfliche Ordinariat billigte diese Erklärung des Pfarrers B.

Hienach ist unter näherer Erörterung der einschlägigen

Momente mit Angabe der maßgebenden gesetzlichen und normativmäßigen Bestimmungen das Jahreseinkommen des Pfarrers B in N vom 1. Januar 1890 ab festzustellen.

Frage
aus dem protestantischen Kirchenrechte.

1. Zum fassionsmäßigen Einkommen der Pfarrei O gehört auch eine auf Grund öffentlich-rechtlichen Titels von der Kirchenschaffnei G zu leistende Personalzulage von 150 Mk., welche bisher von der Kirchenschaffneiverwaltung unbeanstandet entrichtet wurde.

Kurz vor dem Umzuge des nach P versetzten Pfarrers Müller verweigerte jedoch die Kirchenschaffneiverwaltung G die Ausbezahlung des pro 1888 fälligen, dem Pfarrer Müller voll gebührenden Jahresbezugs von 150 Mk. mit dem Beifügen, daß nach den inzwischen aufgefundenen Urkunden jeder Rechtsgrund für fragliche Leistung mangele und sich hiezu künftighin nicht mehr verstanden werden könne; der Erklärung lag das Urkunden-Material bei.

Pfarrer Müller setzte hievon das protestantische Presbyterium O behufs Wahrung der Rechte und Interessen der Pfarrei in Kenntnis und bat zugleich den zum Pfarrverweser in O bestellten Kandidaten Hofmann, nach seinerzeitiger Sachentscheidung die ihm gebührenden 150 Mk. nachsenden zu wollen.

Bald nach dem Abzuge des Pfarrers Müller verweigerte K, der neue Besitzer der Mühle zu O, die Entrichtung eines auf dieser Mühle zu Gunsten der Pfarrei O ruhenden Erbpachtes unter dem Vorgeben, er habe die Mühle vom Vorbesitzer W erbpachtfrei erworben, weshalb sich die Pfarrei an W halten müsse; von dem Ackerer S in O dagegen konnte der pro 1888 fällige Zins für eine von ihm gepachtete Pfarrwiese auf gütlichem Wege nicht erlangt werden, und erschien gerichtliche Klage unbedingt geboten.

Endlich brachten zu derselben Zeit die protestantischen

Kultusgenossen des zur Pfarrei O gehörigen Dorfes Z bei dem Presbyterium zu O einen wohlmotivierten Antrag auf Zuteilung zu der nahe gelegenen Pfarrei R mit der Bitte ein, sich beschlußmässig über ihren Antrag zu erklären und die erforderliche Instruktion einzuleiten.

Das Presbyterium von O faßte darauf in einer legal berufenen und beschlußfähigen Sitzung vom 30. März 1889 mit Stimmeneinheit folgende Beschlüsse:

Es sei durch Vermittlung des zuständigen K. Bezirksamtes L an die K. Regierung der Pfalz die Bitte zu richten,

1) es möge über die Weigerung der Kirchenschaffnei G instanzieller Beschluß gefaßt und hiebei die genannte Schaffnei für verpflichtet erklärt werden, nicht blos dem Pfarrer Müller den pro 1888 fälligen Jahresbezug von 150 Mk., sondern auch für alle Zukunft wie bisher dem jeweiligen Pfarrer in O den gleichen Jahresbezug zu entrichten, nachdem die vorgelegten Urkunden gerade jene Verpflichtung außer Zweifel stellten;

2) es wolle der protestantischen Kultusgemeinde O die Ermächtigung erteilt werden, gerichtliche Klage sowohl gegen den Müller K in O wegen Verpflichtung zur Entrichtung eines Erbpachtes an die dortige Pfarrei als auch gegen den Ackerer S dortselbst wegen Bezahlung des rückständigen Pachtzinses zu führen und durch alle Instanzen zu verfolgen;

3) es möge angesichts der zutreffenden Begründung der Kultusgenossen von Z deren Antrag auf Zuteilung der Ortschaft Z zur Pfarrei R alsbald durch die K. Regierung in Instruktion genommen werden, da hiezu bei gegenwärtiger Pfarrei-Erledigung und bei der in Aussicht genommenen längeren Pfarreiverwesung der günstigste Zeitpunkt gegeben sei.

Die Kandidaten haben die Beschlüsse des Presbyteriums von O nicht zu verbescheiden, sondern lediglich auf ihre gesetzliche Zulässigkeit zu prüfen und gleichzeitig auszuführen, welche Instanzen zur Verbescheidung der einzelnen Anträge des Presbyteriums berufen sind und auf Grund welcher gesetzlicher Bestimmungen.

2. Kirche und Pfarrhaus der protestantischen Kultusgemeinde A bedürfen der Reparatur und erfordert letztere nach vorliegendem Kostenanschlage einen Gesamtaufwand von 6000 Mark, nämlich je 3000 Mk. für Kirche und Pfarrhaus. Nach Beschluß des Presbyteriums A vom 20. November 1889 sollen die Kosten durch Aufnahme eines bis zum Jahre 1898 rückzahlbaren Anlehens gedeckt und zur Abtragung wie Verzinsung der Schuld für die Jahre 1889 mit 1898 von den protestantischen Kultusgenossen der Pfarrei A nach Maßgabe ihrer Gesamtsteuer eine außerordentliche Kultusumlage von 12% erhoben werden.

Der Presbyterialbeschluß wurde sodann den Gemeinderäten der sämtlichen zur protestantischen Kultusgemeinde A gehörigen politischen Gemeinden behufs Beschlußfassung über die beantragte außerordentliche Kultusumlage mitgeteilt.

Von den einzelnen Gemeinderäten wurden hierauf folgende Beschlüsse gefaßt:

1) Die Gemeinderäte von D und H erklären sich unterm 10. bezw. 12. Dezember 1889 einstimmig für die Erhebung einer außerordentlichen Kultusumlage von 12%; zu den fraglichen Sitzungen waren sämtliche Gemeinderäte von D und H, 8 bezw. 10 an der Zahl, geladen worden und auch erschienen.

2) Die Gemeinde B hat im Rechnungsjahre 1889 nach Befriedigung ihrer gesetzlichen Bedürfnisse noch erhebliche Rentenüberschüsse; der dortige Gemeinderat beschließt unterm 5. Dezember 1889:

„Es sei der auf die protestantischen Parochianen der Gemeinde B treffende Anteil an den in Rede stehenden Reparaturkosten von den protestantischen Kultusgenossen durch Erhebung einer außerordentlichen Kultusumlage von 12% aufzubringen, da die pro 1889 sich ergebenden Rentenüberschüsse zur Errichtung einer gemeindlichen Gasanstalt verwendet werden, wofür schon lange ein Bedürfnis bestehe und bisher nur die nötigen Mittel fehlten."

3) Die Gemeinderäte von G und F, die zusammen eine

Filialkirchengemeinde mit eigener Kirche und eigenem ständigen Gottesdienste bilden, verweigern in ihren Beschlüssen vom 29. bezw. 30. November 1889 jede Erhebung einer außerordentlichen Kultusumlage für gedachte Zwecke, da sie, als Filialisten und als solche bereits mit Kultusumlagen belastet, im vorliegenden Falle überhaupt nicht konkurrenzpflichtig seien.

4) Der Gemeinderat von L endlich beschließt, eine außerordentliche Kultusumlage von nur 6% zu erheben, da einerseits die Gemeinde L mehr zu leisten nicht im Stande sei, anderseits mit der Pfarrhausreparatur noch Jahre lang zugewartet werden könne.

Die Rechnungsabschlüsse der Gemeinde L weisen jedoch die günstigste finanzielle Lage und die Leistungsfähigkeit der Gemeinde nach; auch die Dringlichkeit und Unverschieblichkeit der Reparatur des Pfarrhauses in A ist durch technische Gutachten außer Zweifel gestellt.

Die Mehrzahl der Protestanten von B hat sich nun beim zuständigen K. Bezirksamt K gegen den Beschluß des dortigen Gemeinderates vom 5. Dezember 1889 beschwert und gebeten, jenen Beschluß aufzuheben und auszusprechen, daß die fragliche Kultusumlage pro 1889 aus den für dieses Rechnungsjahr sich ergebenden Ratenüberschüssen der politischen Gemeinde B gedeckt werde, nachdem die sämtlichen gesetzlichen Bedürfnisse der Gemeinde bereits befriedigt seien; für die Jahre 1890 mit 1898 wollten sie die verlangte Kultusumlage von 12% entrichten, soferne sich nicht wiederholt Rentenüberschüsse ergeben sollten, wie sie denn überhaupt nicht die Höhe jener Umlage bestritten.

Das Presbyterium von A sendet die sämtlichen Beschlüsse der beteiligten Gemeinderäte nebst den bisherigen Verhandlungen an das K. Bezirksamt K und stellt die Bitte, Entscheidung in der Sache herbeizuführen, da sich alle Beschlüsse, jene der Gemeinderäte von D und H ausgenommen, als ungesetzlich darstellten; gegen die Gemeinde L im Besonderen wolle von Staatsaufsichtswegen vorgegangen werden.

Die Aufgabe lautet: Wer ist zuständig für die Entscheidung bezüglich der einzelnen Beschlüsse? Wie hat diese Entscheidung zu lauten? Letztere selbst ist kurz zu begründen, und sind hiebei die maßgebenden gesetzlichen Bestimmungen anzuführen.

Praktische Aufgabe aus dem Bereiche der inneren Verwaltung

(für die Kandidaten der Pfalz). 1889.

1. Die Gemeinde Forst, K. Bezirksamtes N im Regierungsbezirke der Pfalz, besteht aus den Ortschaften Forst und Brand.

Die Ortschaft Brand besitzt ein eigenes Ortsvermögen, bestehend in einem Grundbesitz von 65 ha, teils Waldungen, teils Ackerland und Ödungen.

Im Dezember 1888 reichten 15 Gemeindebürger von Brand, Xaver Huber und Genossen, bei dem Bürgermeister Reichart zu Forst einen schriftlichen Antrag ein, dahin gehend, es möchten die der Ortsgemeinde Brand gehörigen Ödungen, Pl.-Nr. 75 und 76 zu 10,030 ha und 3,080 ha nach Maßgabe des Art. 20 der Gemeindeordnung für die Pfalz eigentümlich verteilt und zur Beschlußfassung hierüber Gemeindeversammlung anberaumt werden.

Der aus 4 Mitgliedern bestehende Ortsausschuß (Art. 85 Abs. 1 der Gemeinde-Ordnung) trat am 12. Januar 1889 unter dem Vorsitze des Bürgermeisters in Beratung und beschloß mit drei Stimmen gegen eine (1 Ausschußmitglied war entschuldigt weggeblieben), die Ortsgemeindeversammlung zu berufen und derselben die Annahme des gestellten Antrages zu empfehlen.

In der ordnungsmäßig berufenen Ortsversammlung vom 15. Januar 1889 erstattete der Bürgermeister Vortrag, worauf nach längerer Besprechung mittels schriftlicher Abstimmung beschlossen wurde: „Die Gemeindegründe Pl.-Nr. 75 und 76 werden auf Grund des Art. 20 der Gem.-Ordn. unter die nach Maßgabe des Abs. 3 dieser Gesetzesbestimmung im Zusammenhalte mit Art. 25 a. a. O. Teilnahmsberechtigten, d. i. an die in der Gemeinde Heimatberechtigten, welche in Brand seit Jahresfrist wohnen und einen eigenen Herd besitzen, gleichheitlich eigentümlich verteilt. Als Zeitpunkt für die Beurteilung der Teilnahmsberechtigung soll der 15. Januar als der Tag der Beschlußfassung maßgebend sein. Die Schule soll keinen Teil erhalten. Auf die einzelnen Teile wird zu Gunsten der Ortsgemeindekasse ein im 25fachen Betrage ablösbarer Grundzins von je 7 Mk. gelegt".

Am Schluße des über die Verhandlung aufgenommenen Protokolles findet sich folgende Bemerkung:

„Die Zahl der in Brand wohnhaften Gemeindebürger beträgt: 36; ¾ hievon: 27.

An der Abstimmung haben sich beteiligt: 34. Für die beantragte Teilung haben gestimmt: 27.

Die von sämtlichen Heimatberechtigten der Gemeinde Forst für Realitäten innerhalb der Ortsmarkung Brand zu entrichtende Grundsteuer beträgt: 807 Mk. Die Hälfte davon: 403 Mk 50 Pf.

Die 27 Ortsbürger, welche für die Teilung gestimmt haben, entrichten an Grundsteuer innerhalb der Ortsmarkung: 450 Mk."

2. Nach dem Sprichworte: „Der Appetit wächst beim Essen" — wurde unter einem Teile der Ortsbürger von Brand alsbald nach dem Teilungsbeschlusse vom 15. Januar 1889 das Verlangen rege, noch ein weiteres Stück Gemeindeland zur Verteilung zu bringen. Infolge dessen wendeten sich die obengenannten 15 Gemeindebürger von Brand in einer schriftlichen Eingabe vom 28. desselben Monats an den Bürgermeister mit dem Antrage: „den Ortsgemeindegrund Pl.-Nr. 77, Ödung, zu 3,200 ha unter Auferlegung eines im 25fachen Betrage ablösbaren Grundzinses von je 2 Mk., im übrigen aber in der gleichen Weise und unter denselben Bedingungen zu verteilen wie die Plannummern 75 und 76, jedoch mit Rücksicht auf die verschiedene Bonität gesondert von letzteren für sich allein.

Zugleich wurde beantragt, die Ortsversammlung zur Beschlußfassung hierüber zu veranlassen.

Der Ortsausschuß trat am 10. Februar 1889 hierüber in Beratung. Bei der Abstimmung (ein Ausschußmitglied konnte wegen Unwohlseins an der Sitzung nicht teilnehmen) stimmten zwei Ausschußmitglieder für, eines gegen die beantragte Teilung; Bürgermeister Reichart stimmte gegen die Teilung und gab den Stichentscheid.

Indessen machte sich der Ortsausschuß zugleich gleichwohl einstimmig dahin schlüssig, den Gegenstand der Beratung und Entscheidung der Ortsversammlung zu unterstellen. Die vorschriftsmässig berufene Ortsversammlung fand am 15. Februar 1889 statt. Der Bürgermeister erstattete Vortrag über die Beratung des Ortsausschusses, mit dem Bemerken, daß letzterer sich zwar gegen die beanstandete Teilung erklärt, gleichwohl aber — insbesondere mit Rücksicht auf die unter den Mitgliedern des Ortsausschusses selbst bestehende Meinungsverschiedenheit — beschlossen habe, den vorliegenden Antrag der Beschlußfassung der Ortsversammlung zu unterstellen.

Nach längerer Erörterung einigte sich die Versammlung, daß über nachstehende Frage abgestimmt werde: „Soll der Gemeindegrund Pl.-Nr. 77 in der von Xaver Huber und Genossen beantragten Weise verteilt werden, so zwar, daß als maßgebender Zeitpunkt für die Beurteilung der Teilnahmsberechtigung der 15. Februar, als der Tag der Beschlußfassung, gilt?"

Das Ergebnis der schriftlichen Abstimmung ist am Schlusse des über die Verhandlung aufgenommenen Protokolles, wie folgt, festgestellt:

„Die Zahl der Ortsbürger beträgt: 37 (seit der Versammlung vom 15. Januar ds. Js. ist 1 Bürger zugegangen); $^{3}/_{4}$ hievon: 28.

An der Abstimmung haben teilgenommen: 35; für die Teilung haben gestimmt: 28.

Die von sämtlichen Heimatberechtigten der Gemeinde Forst für Realitäten innerhalb der Ortsmarkung Brand zu entrichtende Grundsteuer beträgt: 822 Mk., die Hälfte hievon: 411 Mk. Die 28 Ortsbürger, welche für die Teilung gestimmt haben, zahlen an Grundsteuer für Realitäten innerhalb der Ortsmarkung: 470 Mk.

3. Der Bürgermeister brachte nun die beiden Protokolle vom 15. Januar und 15. Februar 1889 dem K. Bezirksamte N zu weiterer Verfügung in Vorlage. Das genannte Bezirksamt ersuchte das Bezirkskomité des landwirtschaftlichen Vereines um Abgabe eines Gutachtens. Das genannte Komité sprach sich, nachdem es durch eines seiner Mitglieder an Ort und Stelle hatte Augenschein nehmen lassen, unter eingehender Begründung dahin aus, daß die beiden beschlossenen Teilungen als den Interessen der Ortsgemeinde Brand nützlich, sowie insbesondere als zur Förderung der landwirtschaftlichen Kultur dienlich zu erachten seien.

Da inhaltlich des Protokolles vom 15. Februar 1889 Georg Altmann seine Stimme — für die Teilung — zweimal, einmal für sich und sodann als Vertreter des Karl Ulrichs zu Würzburg, abgegeben hatte, so ließ das K. Bezirksamt N dieses Verhältnis aufklären, wobei sich ergab: Karl Ulrichs, Besitzer des Anwesens Hs.-Nr. 15 in Brand — die Grundsteuer für seine, innerhalb der Ortsmarkung gelegenen Realitäten beträgt 20 Mk. — hat in der zweiten Hälfte des Monat Januar 1889 seinen Wohnsitz nach Würzburg verlegt, dort aber weder Bürgerrecht noch Heimat erworben. Da er vorläufig im Besitze seines Anwesens in Brand geblieben, hat er zu seiner Vertretung in allen dortigen Gemeindeangelegenheiten seinen Schwager, den Anwesensbesitzer und Gemeindebürger Georg Altmann zu Brand, bevollmächtigt, welcher denn auch bei der Ortsversammlung vom 15. Februar 1889 für seinen Vollmachtgeber mitgestimmt hat.

Das K. Bezirksamt N erließ nun unterm 30. April 1889 folgenden Beschluß:

1) „Der Ortsversammlungsbeschluß der Ortsgemeinde Brand vom 15. Januar 1889 wird aufsichtlich genehmigt.

2) Dem Ortsversammlungsbeschlusse vom 15. Februar

desselben Jahres dagegen wird die aufsichtliche Genehmigung versagt".

In den Gründen wurde unter Bezugnahme auf Art. 91 Ziff. 2 der Gem.=Ordn. für die Pfalz ausgeführt:

Zu 1: Die formellen und materiellen gesetzlichen Bedingungen der Gemeindegrundteilungen nach Art. 20 der Gem.=Ordn. seien sämtlich erfüllt; die am 15. Januar 1889 beschlossene Teilung sei auch für die Ortsgemeinde, welcher doch noch ein ansehnlicher Grundbesitz verbleibe, wie für die Ortsangehörigen zuträglich.

Zu 2: Gemäß Art. 20 Abs. 1 mit Art. 79 Abs. 2 der Gem.=Ordn. sei die Rechtsgiltigkeit von Gemeindegrundteilungen durch übereinstimmende Beschlüsse des Gemeinderates bezw. Ortsausschusses und der Gemeinde= bezw. Ortsversammlung bedingt. Im vorliegenden Falle habe sich aber einesteils der Ortsausschuß gegen die Teilung erklärt, und anderteils entbehre auch der Ortsversammlungsbeschluß vom 15. Februar 1889 der formellen Giltigkeit, weil die Stimmabgabe durch Stellvertreter gesetzlich unzulässig und daher die von Gg. Altmann für Karl Ulrichs abgegebene Stimme als ungiltig zu erachten sei und durch den Wegfall dieser Stimme die gesetzliche Voraussetzung der $^3/_4$=Mehrheit verloren gehe.

Gegen Ziff. 2 des bezirksamtlichen Beschlusses erhob der Ortsausschuß, in Ausführung eines bezüglichen Ortsversammlungs=Beschlusses, Beschwerde zur K. Regierung der Pfalz, Kammer des Innern, welche jedoch durch Bureau-Entschließung vom 15. Mai 1889 den bezirksamtlichen Beschluß, soweit dagegen Beschwerde erhoben worden war, aus den ihm unterstellten Gründen und unter Bezugnahme auf Art. 92 der Gem.=Ordn. bestätigte.

Diese Entschließung wurde dem Ortsausschuß zu Brand — die Zustellung erfolgte am 31. Mai an den Bürgermeister zu Forst — abschriftlich mitgeteilt.

4. Nunmehr wendeten sich die nachstehend bezeichneten

Beteiligten an das K. Bezirksamt N mit dem Antrage auf verwaltungsrechtliche Verhandlung und Entscheidung.

A. Der Gemeindebürger Johann Meier von Brand stellte unter'm 10. Juni für sich und im Auftrage von 6 weiteren Gemeindebürgern von dort, welche ihm vorschriftsmässige Vollmacht zu ihrer Vertretung in der Gemeindeteilungssache erteilt hatten, den Antrag: den Ortsversammlungsbeschluß vom 15. Januar 1889 für ungiltig zu erklären.

Zur Begründung führte Meier aus: Es fehle an der erforderlichen $^{3}/_{4}$-Mehrheit der Stimmen. Diese Mehrheit berechne sich aus der Gesamtzahl 36 auf 27. Ebenso viele hätten am 15. Januar für die Teilung gestimmt. Unter den Letzteren sei aber auch Melchior Reindl gewesen, welcher erst später Heimat- und Bürgerrecht erworben habe, somit am 15. Januar nicht stimmberechtigt gewesen sei. Mit dem Wegfall seiner Stimme gehe die $^{3}/_{4}$-Mehrheit verloren.

B. Der Gemeindebürger Xaver Huber von Brand stellte am 9. Juni 1889 für sich und im Namen von anderen 26 Gemeindebürgern von dort — versehen mit vorschriftsmäßiger Vollmacht — den Antrag: auszusprechen, daß der Ortsversammlungsbeschluß vom 15. Februar 1889 als rechtsgiltig und rechtswirksam anzuerkennen sei.

Die Antragsteller hätten in ihrer Eigenschaft als Ortsbürger und Gemeindenutzungsberechtigte gemäß Art. 20 Abs. 3 mit Art. 25 der Gem.-Ordn. ein Recht darauf, daß eine in rechtsgiltiger Weise beschlossene Gemeindegrundteilung anerkannt und in Vollzug gesetzt werde. Die Aufsichtsbehörde könne zwar aus Zweckmäßigkeitsrücksichten die Genehmigung versagen, und den Vollzug inhibieren: wenn sie dies aber aus rechtlichen Erwägungen thue, so betrete sie das Verwaltungsrechtsgebiet und unterliege daher ihr Ausspruch in dieser Richtung der Korrektur im verwaltungsrechtlichen Verfahren.

Der durch Regierungsentschließung vom 15. Mai 1889 bestätigte Aufsichtsbeschluß des K. Bezirksamtes N vom 30. April desselben Jahres beruhe in Ziff. II auf unrichtiger Gesetzesanwendung.

a) Die Gemeindeordnung fordere in Art. 20 nur so viel, daß sich für die beantragte Gemeindegrundteilung drei Vierteile der Gemeindebürger erklären, und daß die Zustimmenden zusammen mehr als die Hälfte der Grundsteuern entrichten, womit die sämtlichen Heimatberechtigten in der Gemeinde angelegt sind. Nirgends sei aber bestimmt, daß der Antrag auf Teilung vom Gemeinde- beziehungsweise Ortsausschuß ausgehen oder daß dieser zustimmen müsse.

Aus Art. 79 Abs. 2 der Gem.-Ordn. lasse sich nur das ableiten, daß jeder Gegenstand, welcher der Beschlußfassung der Gemeindeversammlung unterstellt wird, vom Gemeinderat beziehungsweise Ortsausschuß vorzuberaten sei und daß dieser der Gemeindeversammlung bestimmte Vorschläge zu machen habe. Die Gemeindeversammlung sei aber an diese Vorschläge nicht gebunden.

b) Karl Ulrichs habe das Ortsbürgerrecht von Brand nicht verloren; er sei nach wie vor in Gemeindeangelegenheiten stimmberechtigt, und aus Art. 18 der Gem.-Ordn. ergebe sich dessen Befugnis, sich hiebei durch einen Bevollmächtigten vertreten zu lassen. Aber selbst wenn man die Person des Ulrichs bezüglich der Ortsversammlung vom 15. Februar 1889 ganz außer Berechnung lassen wollte, würde die 3/4-Mehrheit gleichwohl gegeben sein.

C. Der Gemeinderat von Forst erhob auf Grund eines von demselben mit Stimmenmehrheit gefaßten Beschlusses mittels schriftlicher, an das K. Bezirksamt N gerichteter Eingabe vom 8. Juni 1889 unter Berufung auf Art. 20 Abs. 5 und 6 der Gem.-Ordn. den Antrag auszusprechen, daß bei den beiden, am 15. Januar und 15. Februar 1889 beschlossenen Gemeindegrundteilungen, vorausgesetzt, daß dieselben überhaupt zum Vollzuge gelangen sollten, dem Volksschulfond in Forst ein von Grundzins frei zu belassender ganzer Anteil zuzuweisen sei. —

Mit Rücksicht auf den Umstand, daß die Ortschaft Brand zur Schule in Zorn eingeschult ist, sah sich das K. Bezirksamt N veranlaßt, dem Gemeinderat Zorn von dem Antrage des Gemeinderates Forst Kenntnis zu geben, worauf ersterer die Erklärung abgab, daß er die gemäß Art. 20 für den Volksschulfond auszuscheidenden Gemeindeteile für den Schulfond Zorn in Anspruch nehme.

5. Nunmehr setzte das K. Bezirksamt N zur Verhandlung der Sache Tagfahrt auf 15. September an und ließ hiezu Einladung ergehen

a) an die Antragsteller Johann Meier und Xaver Huber von Brand für sich und ihre Vollmachtgeber,

b) an die Hausbesitzer Melchior Reindl und Heinrich Zander zu Brand, dann Karl Ulrichs zu Würzburg, welche sich an der Antragstellung nicht beteiligt hatten,

c) an die Gemeinderäte der Gemeinden Forst und Zorn.

Da ferner die vier Mitglieder des Ortsausschusses von Brand als Antragsteller und Parteigegner persönlich beteiligt erschienen, so forderte das K. Bezirksamt den Bürgermeister Reichart zu Forst auf, die Ortsgemeinde Brand bei der Verhandlung zu vertreten.

Am 15. September fanden sich beim K. Bezirksamte N ein:

1) Johann Meier und Xaver Huber von Brand,

2) Melchior Reindl und Heinrich Zander von Brand, dann für Karl Ulrichs — mit vorschriftsmäßiger Vollmacht versehen — der Gemeindebürger Georg Altmann von dort,

3) für die Gemeinderäte von Forst und Zorn — gleichfalls vorschriftsmäßig bevollmächtigt — der Adjunkt Heinrich Ernst von Forst, beziehungsweise der Bürgermeister Adam Kahl von Zorn,

4) Bürgermeister Franz Reichart von Forst.

Der K. Bezirksamtmann gab den Erschienenen zunächst den Inhalt der erwachsenen Akten, insbesondere die gestellten Anträge und deren Begründung bekannt und forderte dann dieselben zur Begründung ihrer Anträge und zur Abgabe etwaiger Gegenerklärungen auf.

A. Johann Meier wiederholte den von ihm gestellten Antrag und dessen Begründung.

Bürgermeister Reichart bemerkte hierauf zunächst zur thatsächlichen Feststellung: Melchior Reindl, geboren im Jahre 1860, bisher beheimatet und wohnhaft in Bergzabern (Pfalz), habe gegen Ende des Jahres 1888 das Anwesen Hs.-Nr. 16 in Brand käuflich erworben und sich dort wohnlich niedergelassen, auch (nachgewiesenermaßen) am 6. Januar 1889 sowohl an den Gemeinderat zu Bergzabern als an denjenigen der Gemeinde Forst die Erklärung abgegeben, daß er auf die Heimat in der Gemeinde Bergzabern verzichte und diejenige in der Gemeinde Forst anspreche; ferner habe er gleichzeitig dem Gemeinderat von Forst seine Bereitwilligkeit zur Zahlung der etwa schuldigen Heimatgebühr ausgesprochen und um deren Bekanntgabe gebeten. Die nach dem in der Gemeinde Forst zu Recht bestehenden Heimatgebühren-Regulativ vom Jahre 1869 zu entrichtende Heimatgebühr habe Reindl, nachdem ihm am 18. Januar durch den Gemeinde-Einnehmer der bezügliche Gebührenzettel zugestellt worden, sofort am nämlichen Tage bezahlt.

Das Grundsteuersoll des Reindl innerhalb der Ortsmarkung betrage 25 Mk.

Seine Beteiligung an der Ortsversammlung vom 15. Januar — derselbe habe für die Teilung gestimmt — sei von keiner Seite beanstandet worden.

Hierauf gab Xaver Huber folgende Erklärung ab:

a) Im Allgemeinen mache sich gegen den gestellten Antrag, welcher sich als Beschwerde gegen den Ortsversammlungsbeschluß vom 15. Januar 1889 darstelle, das Bedenken geltend, daß diese Beschwerde innerhalb der in Art. 93 der Gem.-Ordn. bestimmten Frist hätte angebracht werden müssen, und daß jedenfalls durch die inzwischen erfolgte aufsichtliche Genehmigung eine weitere Anfechtung ausgeschlossen sei.

b) Melch. Reindl habe mit den von ihm an die Gemeinderäte von Bergzabern und Forst abgegebenen Erklärungen die Heimat und das Bürgerrecht in der Gemeinde Forst erworben. Insbesondere habe er, was die Heimatgebühr anlange, durch die Erklärung seiner Bereitwilligkeit zur Zahlung derselben dem Gesetze vollkommen genügt. Er sei daher berechtigt gewesen, bei der Ortsversammlung vom 15. Januar 1889 mitzustimmen.

Übrigens würde sich, wenn Reindl damals das Bürgerrecht nicht besessen hätte, auch die Ziffer der 3/4-Mehrheit entsprechend verringern.

c) Eventuell würde sich der durch den Wegfall der Stimme des Reindl entstehende Ausfall an der Zahl der für die Teilung Stimmenden dadurch ausgleichen, daß anderseits auch die Zahl der gegen die Teilung abgegebenen Stimmen sich um eine Stimme mindere, weil Heinrich Zander, welcher an der Ortsversammlung vom 15. Januar teilgenommen, damals in Ermanglung der bayerischen Staatsangehörigkeit noch nicht stimmberechtigt gewesen sei.

Bürgermeister Reichart gab hiezu folgende Aufklärung: Heinrich Zander aus Crailsheim in Württemberg habe im November 1888 das Anwesen Hs.-Nr. 17 in Brand gekauft, habe darauf dort alsbald Wohnung genommen, das Bürgerrecht durch Beschluß des Gemeinderates von Forst verliehen erhalten und die Heimatgebühr entrichtet, — alles dies vor dem 15. Januar 1889. Um Verleihung der bayer. Staatsangehörigkeit habe er erst später nachgesucht; dieselbe sei ihm durch Aufnahmsurkunde der K. Regierung der Pfalz, Kammer des Innern, vom 10. Februar 1889 erteilt worden. Er — Bürgermeister Reichart — habe bei der Ortsversammlung vom 15. Januar den Gemeindeschreiber darüber zu Rate gezogen, ob Zander als Nichtbayer stimmberechtigt sei, und sei dahin beschieden worden, daß nach den Bestimmungen der Reichsverfassung alle Reichsangehörigen hinsichtlich der Ausübung der bürgerlichen Rechte einander gleichgestellt seien. Demzufolge habe er — Bürgermeister Reichart — die Beteiligung des Zander an der Beratung und Abstimmung nicht beanstanden zu dürfen geglaubt. Derselbe sei auch in der Gesamtzahl der Ortsbürger (36) eingerechnet und habe gegen die Teilung gestimmt.

B. Xaver Huber erklärte, er habe zur Begründung

seines Antrages vorerst nur das Eine nachzutragen, daß der Beschluß des Ortsausschusses zu Brand vom 10. Februar 1889 überhaupt nicht als — wie das K. Bezirksamt angenommen habe — die Teilung ablehnend, sondern vielmehr als zustimmend anzusehen sei, nachdem von den anwesenden 3 Ausschußmitgliedern zwei für die Teilung und ein Mitglied gegen dieselbe gestimmt hätten.

Bürgermeister Reichart von Forst hätte, da er nicht Ortsbürger sei, überhaupt nicht, eventuell gemäß Art. 78 Abs. 3 der Gem.-Ordn. nur bei Stimmengleichheit abstimmen dürfen.

Von Johann Meier wurde dagegen ausgeführt: Der gestellte Antrag sei von vornherein rechtlich unmöglich und gesetzlich unzulässig.

Die Erteilung oder Versagung der aufsichtlichen Genehmigung sei Sache freien administrativen Ermessens; Niemand habe ein Recht auf Erteilung der Genehmigung. Gegen die Versagung derselben, gleichviel ob sie aus Zweckmäßigkeitsrücksichten, oder aus rechtlichen Erwägungen erfolgt sei, könne im Verwaltungsrechtswege nicht angekämpft werden.

Nachdem nun die Aufsichtsbehörden dem Beschlusse der Ortsgemeinde Brand vom 15. Februar ds. Js. die Genehmigung versagt hätten, sei dieser Beschluß vollständig hinfällig, so daß aus demselben keinerlei Rechte abgeleitet werden könnten. Der Antrag des Xaver Huber und Genossen müsse daher ohne Weiteres, sei es als unbegründet, oder wegen Unzuständigkeit der Verwaltungsrechtsinstanzen abgewiesen werden.

Nur vorsorglich — bemerkte Joh. Meier — wolle er auf die Sache selbst weiter eingehen. Hiebei glaube er auf die zutreffende Begründung des bezirksamtlichen Beschlusses vom 30. April 1889 Bezug nehmen zu dürfen und nur noch bemerken zu sollen, daß Bürgermeister Reichart vollkommen befugt gewesen sei, bei den Beschlußfassungen des Ortsausschusses zu Brand vom 12. Januar und 10. Februar 1889, wie er dies gethan habe, mitzustimmen.

Xaver Huber erwiderte hierauf: Die Beschlüsse der Aufsichtsbehörden vom 30. April und 15. Mai 1889 enthielten, indem sie sich in den Entscheidungsgründen über rechtliche Fragen verbreiteten, thatsächlich zugleich eine Rechtsentscheidung, welche der Anfechtung im Verwaltungswege unterliege.

Joh. Meier bemerkte hiegegen, er könne nicht finden, daß die Aufsichtsbehörden über etwas Anderes als über die Erteilung oder Versagung der aufsichtlichen Genehmigung entschieden hätten oder hätten entscheiden wollen. Würde man aber gleichwohl annehmen, daß in ihren Beschlüssen eine verwaltungsrechtliche Entscheidung liege, so sei diese, nachdem sie nicht durch Beschwerde zum K. Verwaltungsgerichtshofe angefochten worden sei, rechtskräftig geworden.

C. Der Adjunkt Ernst von Forst berief sich zur Begründung des vom dortigen Gemeinderat erhobenen Anspruches auf den Wortlaut des Art. 20 Abs. 5 mit Abs. 6 der Gem.-Ordn., wonach bei jeder Gemeindegrundteilung ein besonderer Anteil für den Volksschulfond „derjenigen Gemeinde, in welcher die Verteilung stattfindet", auszuscheiden sei.

Bürgermeister Kahl von Zorn dagegen machte geltend, daß als Schulfond der hier fraglichen Ortschaft Brand, nachdem diese eine eigene Schule und eigenen Schulfond nicht besitze, sondern der Schule in Zorn zugehöre, doch wohl nur der Schulfond von Zorn in Betracht kommen könne.

Bürgermeister Reichart von Forst bestätigte, daß die Ortschaft Brand nach Zorn eingeschult ist und mit der politischen Gemeinde Zorn einen Schulsprengel bildet, dann daß die Ortschaft Forst für sich allein eine Schule besitzt.

Im Übrigen glaubte Bürgermeister Reichart, sich in diesem Punkte, nachdem sich hier die Interessen der Ortschaft Forst und der Ortschaft Brand gegenüberständen, einer Äußerung enthalten und die Entscheidung der rechtlichen Beurteilung des K. Bezirksamtes anheimstellen zu sollen.

Nur die thatsächliche Bemerkung wolle er beifügen, daß man bei den beiden Ortsversammlungen vom 15. Januar und 15. Februar ds. Js. der Meinung gewesen sei, daß die Bestimmung des Art. 20 Abs. 5 hier überhaupt nicht Platz greife, weil die Ortschaft Brand weder eine eigene Schule, noch einen Schulfond besitze.

D. Melchior Reindl und Heinrich Zander erklärten, daß sie an dem ganzen Streite kein Interesse hätten und sich daher an demselben nicht beteiligen wollten, weil die Voraussetzungen des Art. 25 d. Gem.-Ordn. bei ihnen nicht zuträfen und sie daher auf Teilnahme an den fraglichen Gemeindegrundteilungen keinen Anspruch hätten.

Dieser Erklärung schloß sich auch Georg Altmann Namens des Karl Ulrichs zu Würzburg an. —

Hiemit wurde die Verhandlung geschlossen.

Aufgabe: Der vom K. Bezirksamte N zu erlassende Beschluß ist zu entwerfen und zu begründen. Die Geschichtserzählung ist erlassen; als solche gilt die vorstehende Darstellung.